# Kleine Geschichte St. Petersburgs

Jan Kusber

# Kleine Geschichte St. Petersburgs

Verlag Friedrich Pustet
Regensburg

Umschlagmotiv:
Charlemagne, Joseph (Jossif) Ivanovich: Blick auf den
Winterpalast vom Fluss Neva aus;
Aquarell, 1853. – St. Petersburg, Staatliches Eremitage-Museum

**Bibliografische Information der Deutschen Nationalbibliothek**
Die Deutsche Nationalbibliothek verzeichnet diese Publikation
in der Deutschen Nationalbibliografie; detaillierte bibliografische
Angaben sind im Internet über http://dnb.d-nb.de abrufbar.

www.pustet.de

ISBN 978-3-7917-2227-6
© 2009 Verlag Friedrich Pustet, Regensburg
Umschlaggestaltung: Atelier Seidel, Teising
Satz: Vollnhals Fotosatz, Neustadt a. d. Donau
Druck und Bindung: Friedrich Pustet, Regensburg
Printed in Germany 2009

# Inhalt

*Für Julia*

# Die Stadt und ihre Biografie

Über die Anfänge St. Petersburgs im Jahre 1703 und ihren Gründer, Zar Peter I., schrieb der russische Schriftsteller Fürst Wladimir Odojewski um die Mitte des 19. Jahrhunderts folgende Legende: „Mit dem Bau der Stadt war schon begonnen worden, aber der Sumpf blieb unersättlich. Wieviele Steine, Felsen, Holzbohlen hatte man schon übereinander geschichtet, aber der Sumpf verschlang alles und zeigte an seiner Oberfläche immer nur den gleichen Morast. Da kam der Zar, um den Fortgang der Arbeit in Augenschein zu nehmen. Was er sah, war noch nicht seine Stadt. ‚Ihr versteht nichts von der Arbeit‘, sagte er zu seinen Werkleuten und schickte sich sogleich an, die Felsen selbst anzuheben und Quader auf Quader übereinander zu schichten. So baute er die ganze Stadt und ließ sie dann fertig auf die Erde sinken."

Die Stadt an der Newamündung, auf einem bautechnisch schwierigen Untergrund gelegen, und der übermenschlich erscheinende Zar, der sie dank seiner Tatkraft, aber auch seiner handwerklichen Fähigkeiten im Alleingang errichtet – dieses Bild hätte Peter I. wahrscheinlich gefallen. Ihren Kern hat die Legende, die Odojewski erzählte, in einem orientalischen Märchen. Die Eigenschaften, die Peter dem Großen zugedacht werden, sind durch Geschichtsschreibung, Dichtung und Musik, durch die bildenden Künste und den Film zum Allgemeingut im historischen Wissen nicht nur der Bewohner St. Petersburgs, sondern Russlands insgesamt geworden. Peter der Große ist ebenso zum Mythos geworden wie seine Stadt an der Newa. Peters scheinbar übermenschliche Eigenschaften hatten freilich einen wahren Kern, der sich an verschiedenen Stationen seiner Biografie und der frühen Stadtgeschichte St. Petersburgs, der Kapitale Peters am Zugang zur Ostsee, sehen lässt.

Peter gab am 16. Mai 1703 den Befehl, auf der Haseninsel im Newadelta eine hölzerne Festung anzulegen, die wenig später den Namen St. Petersburg erhielt. Es war der Wille des Herrschers, der sein Land zwang, gewaltige Ressourcen für die

Entwicklung der Stadt bereitzustellen. Es war Peters Befehl, ab 1712 nach und nach den Hof und die zentralen Behörden des Reiches nach St. Petersburg zu verlegen. Und es war Peter, der erste Entscheidungen traf, an welchen europäischen Vorbildern sich die junge Stadt orientieren sollte.

Seit Peter dem Großen waren politische Macht und die Geschicke der Stadt unmittelbar miteinander verbunden. St. Petersburg war in der Zarenzeit immer auch Schauplatz imperialer Geschichte. Es war die Stadt der russischen Revolutionen der Jahre 1905 und 1917. Ihr Schicksal hing auch in sowjetischen Zeiten wesentlich von den Direktiven der sozialistischen Staatsführung ab. Den politischen Zeitläuften war es geschuldet, dass sie im 20. Jahrhundert gleich dreimal den Namen wechselte: Aus St. Petersburg wurde beim Ausbruch des Ersten Weltkrieges Petrograd – der Name der Hauptstadt sollte nicht zu „deutsch" klingen. Aus Petrograd wurde 1924 Leningrad, um den soeben verstorbenen Führer der Oktoberrevolution, Wladimir Ilitsch Lenin, zu ehren und ihm eine ganze Stadt zum Denkmal zu setzen. Und 1991 wurde aus Leningrad wieder St. Petersburg, als sich das sowjetische Experiment auflöste und die Bürger nicht mit dem Erbe eines Bankrotteurs verbunden werden wollten.

Die politische Geschichte Russlands ist seit Peter I. eng mit der Stadt an der Ostsee verbunden. Nicht immer vollzogen die Menschen diese Entwicklung mit der Geschwindigkeit nach, welche die Herrscher vorgaben. In der Sowjetzeit, als die Stadt längst zu Leningrad geworden war, sprach man noch immer von „Piter". Und am Beginn des 21. Jahrhunderts sprechen in St. Petersburg noch immer viele Bewohner von „Leningrad".

Städte bestehen aus Räumen – St. Petersburg hat eine besondere geografische Lage, über die Mündung des Newadeltas zur Ostsee geöffnet –, vor allem aber die Menschen in ihrem Tun und Leben prägen ihren Charakter. Der Adel, der im 18. Jahrhundert

Peter der Große gründet, umgeben von seinen Getreuen nach siegreicher ▶ Schlacht gegen die Schweden, Sankt Petersburg. – Mythologisierendes Gemälde Alexanders von Kotzebue, 1862, Stiftung Maximilianeum München.

luxuriöse Palais baute, der Handwerker, der in der „Gerberstraße" seinem Gewerbe nachging, der sowjetische Arbeiter, der in einem Mikrorayon sozialistischer Planung wohnte – sie alle prägten, ja schufen über mehr als drei Jahrhunderte hinweg den Stadtraum St. Petersburg. Für europäische Metropolen jung, besitzt die Stadt verschiedene historische Schichten, die dem Betrachter manchmal ins Auge fallen, öfter jedoch, wie der Historiker Karl Schlögel meinte, erst freigelegt werden müssen.

Dass der Grundriss St. Petersburgs dem Willen der Herrscher Russlands und ihrer Architekten und Stadtplaner entsprang, ist für den heutigen Besucher auf den ersten Blick erkennbar, wenn er sich über den Newski-Prospekt auf Admiralität und Winterpalast zubewegt. Dass Petersburg eine imperiale Hauptstadt eines Weltreiches war, zeigen die Fassade des Winterpalastes und die architektonischen Ensembles im Stadtzentrum eindringlich. Wie jedoch die Menschen dieser rasant wachsenden Metropole lebten, wie sie die Stadt zu ihrer eigenen machten und sie prägten, erschließt sich dem Besucher am Beginn des 21. Jahrhunderts nicht mehr ohne Weiteres. Wo etwa im urbanen Raum die Moderne an der Wende vom 19. zum 20. Jahrhundert Kultur und Architektur regierte, bedarf schon der genaueren Suche. Auch die Spuren der deutschen Belagerung der Stadt im Zweiten Weltkrieg sind nicht mehr allgegenwärtig, im Stadtbild aber noch erkennbar.

Vielleicht könnte man sagen, dass Städte, zumal solche Metropolen wie St. Petersburg, eine Biografie besitzen, die sich aus dem Ort und der Geschichte ihrer Bewohner durch die Zeiten zusammensetzt. Diese Biografie wird geprägt von der Macht der Zaren, dem Experiment des Sozialismus und einem postsowjetischen Russland, das seine Identität auch in St. Petersburg sucht. Sie wird aber durch die Zeit ebenso wie durch die Händler und „kleinen Leute" rund um den Heumarkt geformt, die Dienstboten, die Intellektuellen und die Arbeiter auf den Werften und in den Fabriken der Stadt – kurzum: die Summe der Frauen und Männer, die in ihr lebten. Sie alle sind Gegenstand dieses Buches, denn sie sind die Geschichte St. Petersburgs.

# Hauptstadt des petrinischen Russland

## Vorgeschichte

In mancher Hinsicht ist St. Petersburg ein Kind des Krieges. Peter I. führte sein Reich in den Großen Nordischen Krieg (1700–1721). Zwar erstreckte sich das Zarenreich um die Mitte des 17. Jahrhunderts bereits bis an den Pazifik, doch fehlte ein Zugang zu europäischen Meeren, der strategisch und handelspolitisch nach Westen führte. Die Ostsee als frühneuzeitliche Handelsdrehscheibe geriet so in den Fokus des jungen Zaren, als er auf seiner Großen Gesandtschaft (1697/98) die baltischen Provinzen Schwedens bereiste. Wenige Jahre zuvor war er mit seinen Feldzügen gegen das Osmanische Reich im Süden mit dem Versuch, die türkische Festung Asow an der Mündung des Don oder gar einen Hafen am Schwarzen Meer zu erobern, nur wenig erfolgreich gewesen. Im hohen Norden von Peters Reich war Archangelsk, die Hafenstadt am Weißen Meer, nur etwa 90 Tage im Jahr eisfrei und zudem fest in der Hand englischer und niederländischer Handelsschiffer. Peter, mit seiner Begeisterung für das Meer und alles Maritime, sah einen Ostseezugang als unverzichtbar für die künftige Größe seines Reiches an.

> „Der Zar hatte schon lange vor dem Kriege mit Schweden Lust bekommen, einen Hafen an der Ostsee zu besitzen, um seine Lieblingssache, die Schifffahrt, in dieser ihm zu vielerlei Absicht so wohl gelegenen Gegend zu treiben und eine Flotte daselbst zu erbauen. Sobald es ihm nun durch den Krieg gelungen war, sich der Gegend, wo nun St. Petersburg ist, zu bemeistern, nahm er sich vor, eine Stadt daselbst zu bauen, nämlich sein geliebtes St. Petersburg." (Generalequipagemeister des Admiralitätskollegiums van Bruyns)

Am Beginn des 17. Jahrhunderts war dieser Zugang in der so genannten Zeit der Wirren verloren gegangen und Peter I. versuchte nun, im Bündnis mit dem dänischen König Friedrich IV. und dem sächsischen Kurfürsten und polnischen König August dem Starken gegen die Ostseevormacht Schweden und ihren König Karl XII. dieses Ziel zu erreichen. Der Verlauf des Krieges war für Peter zunächst ungünstig: Bei Narwa wurde der Zar im November 1700 durch die Truppen Karls XII. entscheidend geschlagen und verließ gar bei Nacht und Nebel seine Armee. Seine Verbündeten waren zu Wasser und zu Lande bereits in der Defensive, Schwedens Vormacht schien nicht gebrochen werden zu können. Doch während der schwedische König sich dazu entschloss, zunächst August den Starken zu bekämpfen, reorganisierte Peter seine Armee nach mittel- und westeuropäischen Vorbildern, ließ aus Kirchenglocken neue Kanonen gießen und den Angriff auf das Baltikum befehlen. Gleichsam hinter Karls Rücken brachte er dem kleinen schwedischen Heer, das zur Verteidigung der baltischen Provinzen zurückgeblieben war, zwei Niederlagen bei und kontrollierte ab 1702 fast ganz Estland und Livland. Am 11. Oktober 1702 fiel die Festung Nöteborg, die Peter in Schlüsselburg umtaufte. Zu Beginn des Jahres 1703 bewegten sich russische Truppen auf das Newa-Delta zu, um es ohne schwedischen Widerstand in Besitz zu nehmen; die wenigen Truppen Karls XII. waren geflohen.

Der um Peter I. und St. Petersburg beinahe im Moment der Gründung entstandene Mythos besagt, dass Peters Soldaten einen Landstrich eroberten, der im Delta der Newa menschenleer im Sumpf lag. Sowohl Schriftsteller wie Historiker haben das Ihre zu dieser Erzählung beigetragen, um die Tat des Monarchen noch größer erscheinen zu lassen. Tatsächlich war das Gebiet an der unteren Newa jedoch schon lange Teil der Kulturlandschaft Ingermanland. Dort lebten seit dem 10. Jahrhundert einerseits finno-ugrische Ethnien von der Landwirtschaft, andererseits lag das Delta der Newa im Bereich des berühmten Weges von den Warägern zu den Griechen – jenem Eroberungs- und Handelsweg, den die Nordmänner benutzten und so die mittelalterliche Rus für den europäischen Handel erschlossen. Zu Beginn des 14. Jahrhunderts stritten Schweden und die bedeutende, mit der Hanse eng verbundene Stadtrepublik Nowgorod um die Kontrolle des Gebietes. Danach

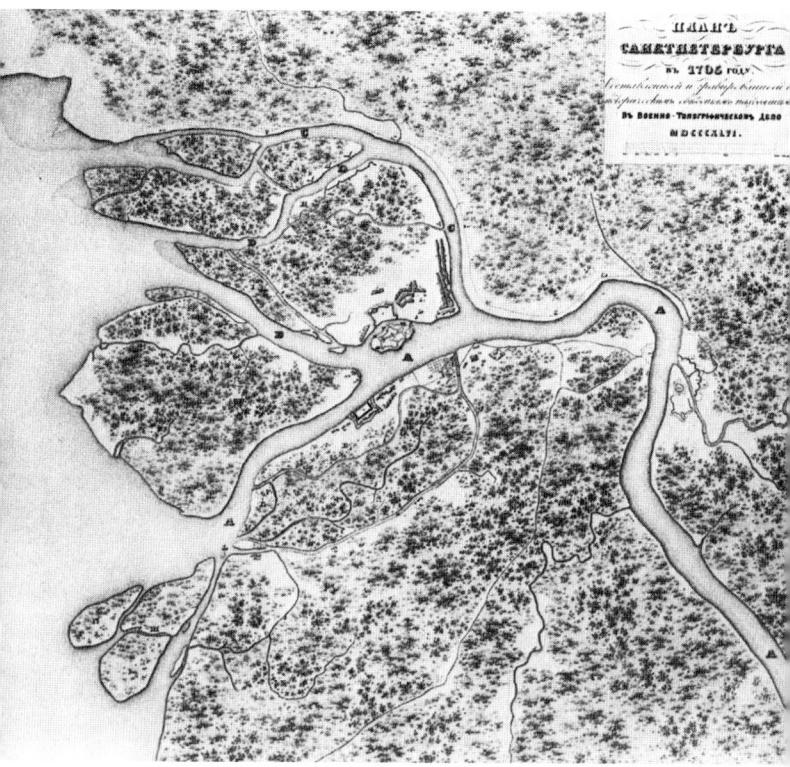

Auf einem der ersten Pläne Sankt Petersburgs aus dem Jahre 1705 sind sowohl die Lage in der Mündung der Newa erkennbar als auch der Nukleus der Stadt auf der Haseninsel – die Peter-und-Paul-Festung.

war die Region Einflusssphäre Schwedens und – nach der Inkorporation Nowgorods im ausgehenden 15. Jahrhundert – des Großfürstentums Moskau. Großfürst Iwan III. erhob, wie sein Enkel Zar Iwan IV. (der Schreckliche), den Anspruch, Großmacht an der Ostsee zu sein.

In diesen Jahrhunderten wurde das Mündungsgebiet als Landungsstelle und möglicherweise auch als Handelsplatz genutzt. Dies ist zumindest für die Zeit der erneuten schwedischen Dominanz in der Region nach der Errichtung der

Festung Nyenschanz im Jahr 1611 und der sie bald umgebenden Siedlung Nyen sicher bezeugt. Beide lagen auf dem Stadtgebiet des heutigen St. Petersburg am nördlichen (oder rechten) Ufer der Newa. Nach dem Frieden von Stolbovo 1617, der Schwedens Intervention in Russlands „Zeit der Wirren" beendete, schien mit der Eroberung ganz Kareliens und Ingermanlands das Gebiet fest in den schwedischen Staat inkorporiert. Es gibt Hinweise auf größere städtebauliche Ambitionen der Schweden für Nyen im 17. Jahrhundert: Der schwedische Kanzler Axel Oxiensterna zog wohl zeitweise in Betracht, dort eine zweite Hauptstadt des schwedischen Großreiches zu errichten. Allerdings erlebten diese Pläne einen herben Rückschlag, als Siedlung und Festung 1656 während des Ersten Nordischen Krieges von russischen Truppen zerstört wurden. Schon damals strebte der Vater Peters I., Alexei, danach, die territorialen Verluste des Zarenreiches auszugleichen. Was damals nicht gelang, erreichte der Enkel trotz des verfehlten Auftaktes des Krieges: Am 1. Mai 1703 erfolgte die endgültige Eroberung von Nyenschanz durch die die Newa abwärts vorrückenden Russen unter Peters Feldmarschall Scheremetjew. Nyen war zu diesem Zeitpunkt bereits von den Schweden präventiv geräumt und teilweise zerstört worden.

## Die Gründung

Das Ende von Nyen und Nyenschanz markierte gleichzeitig den Beginn der Stadtgeschichte von St. Petersburg. Offiziell verbindet man diesen mit dem 16. Mai 1703: An diesem Tag wurde auf einer Nyenschanz gegenüber gelegenen Insel im Newa-Delta, der „Haseninsel", der Grundstein für die nach dem Namenspatron des Zaren benannte Peter-und-Paul-Festung gelegt. Schon bald fand sich in zeitgenössischen Dokumenten und Karten neben der deutschen Bezeichnung „St. Petersburg" auch die holländische „St. Piterburch" oder das lateinische „Petropolis".

Entgegen dem eingangs zitierten Mythos gibt es keine Quellen, die glaubhaft belegen, dass Peter das Bollwerk von Beginn an als Keimzelle seiner zukünftigen Hauptstadt ansah. In erster

Linie sollte die Peter-und-Paul-Festung zunächst die Funktion von Nyenschanz übernehmen, also die Newa-Mündung gegenüber den Schweden strategisch absichern. Die äußeren Bedingungen für eine Stadtgründung waren denkbar ungeeignet. Das Delta der Newa mit seinen 65 Flussarmen, der Großen und der Kleinen Newa, der Mittleren und der Kleinen Newka, der Moika, der Fontanka und zahlreichen weiteren Zuflüssen, die heute als Kanäle die Stadt durchziehen, wurde häufig von Überschwemmungen heimgesucht. Ein Großteil der Gegend war kaum für Landwirtschaft geeignet, auch wenn es dörfliche Siedlungen gab. Vor allem Fischer hielten sich hier in den Sommermonaten auf. Gegründet waren also in diesem naturräumlich für Menschen schwierigen Gebiet zunächst nur ein Militärlager und – an dem Newa-Ufer schräg gegenüber der Festung auf der Haseninsel – einige Monate später eine provisorische Werft, die so genannte Admiralität, die zunächst als zweite Festung diente. Die Stadt Peters war in ihren Anfängen eine Stadt des Krieges.

Dass Peter der Große trotz der widrigen Gegebenheiten diesen Ort späterhin als seine neue Hauptstadt auswählte, ist auf die Tatsache zurückzuführen, dass hier vorzüglich ein Seehafen angelegt werden konnte und zudem der Anschluss an das binnenrussische Flusssystem gegeben war. So zeigen Stadtwappen und -flagge denn auch neben dem Zepter einen See- und einen Binnenanker. Bereits wenige Monate nach der Gründung der Festung hieß es in der ersten russischen Zeitung – auch eine petrinische Gründung – im August 1703: „Seine Majestät der Zar ... hat Order hinterlassen, an der Meeresküste eine Stadt und eine Festung zu bauen, um hier einen Hafen zu haben für alle Güter, die über die Ostsee ins Land kommen. Gleichzeitig sollen Waren aus Persien und Indien umgeschlagen werden."

## Die Stadt Peters

Nicht nur ein Militärstützpunkt, eine Handelsstadt wurde nun geplant: eine Stadt nach den Vorstellungen des Zaren. Jedoch dachte er nicht nur an eine maritime Drehscheibe für innerrussische Wirtschaftsströme, seine Pläne gingen weiter. 1704 sprach er zwar noch nicht von der Hauptstadt des Russischen Reiches, jedoch bereits von *seiner* Hauptstadt. Im gleichen Jahr war der Bau der Festung Kronschlot auf der vor der Newamündung liegenden Insel Kotlin abgeschlossen, die das Flussdelta gegen eine sich nähernde Flotte zu sichern vermochte. Diese Festung wurde unter dem Namen Kronstadt zur Ausgangsbasis der russischen Kriegsflotte in der Ostsee. Ihr Ausbau bedeutete bereits eine derartige strategische Absicherung der Newamündung und der wachsenden Siedlung St. Petersburg, dass der Ausbau der Peter-und-Paul-Festung mit ihren bis zu zwölf Meter hohen Bastionen und Festungswerken nicht mehr nur rein militärischer Notwendigkeit entsprach. Neben dem bleibenden Symbolgehalt des Ortes und des Namens trat die Nutzung der Festung als Gefängnis in den Vordergrund. Einer der ersten einer ganzen Reihe von prominenten Häftlingen sollte Peters widerständiger Sohn und Thronfolger Alexei sein, der im Juni 1718 in ihren Mauern starb.

Ebenfalls 1704 erfolgte Peters erste Order, einige tausend Leibeigene als Arbeitskräfte in die neue Stadt zu entsenden. In den folgenden Jahren entstanden auf der Wassili-Insel und auf dem linken Newa-Ufer Wohnhäuser für Offiziere, Adlige, Handwerker und Arbeiter. Der Zar selbst nahm zunächst in einem kleineren Holzhaus Quartier. Die Admiralität mit ihren Handwerksbetrieben und einer Schiffswerft wurde zum industriellen Zentrum der Stadt.

Ein stadtplanerisches Gesamtkonzept des Zaren für seine Stadt war in den ersten Jahren noch nicht erkennbar, was nicht zuletzt mit den Kriegsläuften zusammenhing. Noch 1706 war die schwedisch-russische Frontlinie nur etwa 50 Kilometer von der Hauptstadt entfernt. Peter selbst war auf den verschiedenen Kriegsschauplätzen zu finden, aber nur selten in seiner neuen Stadt. Erst als sich Karl XII., ein in seiner Zeit viel bewunderter und jüngerer Heerführer als Peter, dazu entschloss, den Zaren in seinem Reich anzugreifen, kam die Wende. Karl und seine etwa 20 000 Männer marschierten weder nach St. Petersburg noch nach Moskau, sondern in die Ukraine, wo sie mit der Unterstützung der unruhigen Kosaken rechneten. Karl XII. hatte seine Nachschublinien überdehnt und Peter nutzte dies.

18

1709 kam es bei Poltawa zur Schlacht, die mit einem Sieg des Zaren endete. Der unbesiegbar scheinende Karl XII. war geschlagen und musste mit einem Gewaltritt ins Osmanische Reich fliehen. Dies war die Wende im „Großen Nordischen Krieg". Im folgenden Jahr kapitulierten das estländische Reval, das livländische Riga und das karelische Wyborg. Damit war nicht nur der Bestand des russischen St. Petersburgs an der Ostsee gesichert – Peters Kriegsziel von einem breiten Küstenstreifen an der Ostsee hatte sich erfüllt. Zwar dauerte der Krieg noch bis zum Frieden von Nystadt im Jahre 1721 an, am Ergebnis änderte sich jedoch wenig.

Ab dem für die junge Stadt kritischen Jahr 1706 konnte Peter weitere Stadtplanungen zielgerichtet und mit der ihm eigenen Rücksichtslosigkeit angehen. Während die Stadt in ihren Grundmauern erstand, verbot er die Errichtung von Steingebäuden im gesamten Reich außerhalb St. Petersburgs – jeder verfügbare Steinmetz sollte an der Erbauung der neuen Stadt arbeiten. Die Flucht von Arbeitern aus der Stadt und vom oft tödlichen Bauprojekt wurde mit harten Strafen geahndet; 1706 etwa wurden 30 000 Leibeigene im Zarenreich zwangsrekrutiert, 1707 waren es 40 000. Ungefähr die Hälfte von ihnen schaffte es, auf dem Weg an die nordwestliche Peripherie zu fliehen. Während der Herrschaft Peters kamen vermutlich Zehntausende von Zwangsarbeitern und Leibeigenen auf den Baustellen der Stadt ums Leben. Sie starben an Sumpffieber, Skorbut, an der Ruhr oder einfach an Hunger und Entkräftung. Große Teile der Stadt wurden wie Venedig auf Pfählen im sumpfigen Boden errichtet. Aufgrund der großen Zahl von Toten beim Bau sprach man schon in der ersten Bauphase davon, dass sie eigentlich auf den Knochen von Leibeigenen und Zwangsrekrutierten ruhe. Dem gestalterischen Willen Peters standen also erhebliche Opfer der Untertanen gegenüber. Typisch für die enormen Bedürfnisse der wachsenden Stadt war beispielsweise ein Ukas, ein Erlass vom 18. August 1710, in dem er 4720 Handwerkern die Umsiedlung befahl, und zwar eng orientiert an den Bedürfnissen des Stadtaufbaus: 1900 Mauerleute, 1741 Zimmerleute, 226 Schmiede, 200 Ziegelbrenner, 50 Kupferschmiede, 48 Holzsäger, 41 Böttcher, 10 Schlosser sowie 274 jüngere Leute „zur Ausbildung in verschiedenen Handwerken" sollten nach St. Petersburg umziehen. Seit 1710 existierte in der Stadt eine eigene Kanzlei zur Koordinierung der öffentlichen und privaten Bauvorhaben.

Da der russische Adel wenig Neigung zeigte, in die Stadt zu ziehen, beorderte Peter 1714 kurzerhand 350 adlige Familien nach St. Petersburg. Die Familien mussten – selbstverständlich auf eigene Kosten – mit ihrem gesamten Haushalt in die Stadt ziehen, in Häuser, deren Stil und Größe genau festgeschrieben waren. Im gleichen Jahr zählte man in St. Petersburg rund 50 000 bewohnte Häuser. Die Stadt war die Erste in Russland, die eine städtische Polizei sowie eine effektiv funktionierende Feuerwehr hatte. Die Straßen wurden teilweise künstlich beleuchtet, die Bewohner dazu angehalten, Bäume zu pflanzen.

Planmäßig war der Aufbau der Stadt bislang nicht verlaufen. So wie der Zar sein ganzes Reich eher sprunghaft und aus der Situation heraus Reformen unterwarf, so situationsbezogen hatte er auch die Entwicklung St. Petersburgs vorangetrieben. 1715 jedoch legte sein Baumeister Domenico Trezzini einen Stadtbebauungsplan vor, der das Zentrum der Stadt auf der Wassili-Insel verortete. Die teilweise im Zuge der Stadtentwicklung schon bebaute Insel wurde nun im Uferbereich mit Pfählen befestigt. Da sie ständig von Überschwemmungen bedroht war, sollte ein geometrisches Netz von Kanälen zur Entwässerung beitragen. Sie waren wie in Amsterdam oder Venedig zugleich als Verkehrswege gedacht. Rationalisierung und Ordnung der schwimmenden Stadt auf dem Reißbrett – ein Grundgedanke, den Petersburg mit anderen aus Herrscherwillen entsprungenen Stadtgründungen dieser Zeit gemein hat – sollte auch auf das Leben in der Stadt übertragen werden. Die Bewohner hatten ihre Gebäude nach den Vorgaben der Baukanzlei zu errichten. Vier Typenhäuser waren für die verschiedenen Stände und Ränge der Gesellschaft, in die sich die Menschen im petrinischen Russland einzuordnen hatten, vorgesehen: Häuser für die „Handwerkerschicht", für die Kaufmannschaft, für die Beamten und schließlich für die Stadtpaläste des Adels, meist in Uferlage, wurden als Modelle in Kupfer gestochen und waren Vorlage für diejenigen, die ein Grundstück zugewiesen oder geschenkt bekamen. Dabei ist es nicht nur für die Zeit Peters kennzeichnend, dass die Stadtplanung keinen eigenen Ort für die städtischen Unterschichten – Tagelöhner, Fuhrknechte und andere – vorsah. Sie wurden von Beginn an gleichsam aus dem Zentrum der Stadt verdrängt. Für die anderen, die Zielgruppe der Modernisierung Peters waren, zeigte sich die gesellschaftliche Zuordnung nicht nur an den Häusern und Lagen in der neuen Stadt. Auch Kleidung und Formen der Repräsentation machten sie identifizierbar. Es sollte schon an den Uniformen oder der Zahl der Pferde, die vor die Kutschen gespannt wurden, erkennbar sein, welchen Status der Untertan und Bewohner der Stadt hatte. Stadtplanung, Position in der Gesellschaft und individuelle Lebenswege wurden hier zusammengenommen.

Domenico Trezzini war sicher der überragende Architekt in der Gründungsphase. Von ihm stammten die Pläne für den steinernen Ausbau der Peter-und-Paul-Festung. Er war es auch, der in der Festung nach 1712 mit dem Bau der Peter-und-Paul-Kathedrale begann. Sie sollte erst 1733 fertig werden, aber bereits 1725 zur Grablege der russischen Zaren werden – mit dem Tode des Stadtgründers Peter I. Die Architektur der Kirche zeigte den Bruch mit Bautraditionen des Moskauer Reiches deutlich an. Sie erinnerte mehr an eine nordische Barockkirche, der schlanke, mehr als hundert Meter hohe Turm der Kathedrale wurde zur Höhenmarke für die übrigen Gebäude der Stadt.

St. Petersburg wurde zu einem Mekka für europäische Baumeister: Neben Trezzini wirkten so berühmte Architekten wie Gaetano Chiaveri, Andreas Schlüter, Hermann von Bolius oder Jean Baptiste LeBlond. Und jeder dieser Baukünstler brachte aus seinem Heimatland unterschiedliche Strömungen des Barock mit, die in der Stadt zu einer spezifischen Vielfalt zusammenfanden. Es war für Architekten die Chance auf Karriere und große Pläne. Nicht alle Utopien ließen sich verwirklichen, aber Arbeit ließ sich auf den Baustellen allemal finden.

Als Peter der Große 1712 befahl, den Hof von Moskau nach Petersburg umziehen und Regierungsbehörden folgen zu las-

In der 1710 gegründeten Kunstkammer ließen Peter I. und seine Nachfolger alles sammeln, was ihnen wissenschaftlich von Interesse erschien und ihre Neugier erregte – ganz im Stile der Zeit.

sen, war klar, dass auch der Adel keine andere Wahl hatte, als in der Nähe des Herrschers zu bleiben und zumindest ein Palais in der Stadt zu bauen. An die Stelle des bescheidenen Holzhauses Peters des Großen trat nach 1710 ein Sommerpalast, noch vergleichsweise bescheiden, doch mit einer wegweisenden Gartenanlage im „französischen Stil" zur Newa hin gelegen. 1711 begannen in unmittelbarer Nachbarschaft die Bauten am ersten Winterpalast. Älter und prächtiger war der Palast seines Freundes und ersten Gouverneurs von St. Petersburg, Alexander Menschikow, auf der Wassili-Insel, in dem der Zar auch ausländische Staatsgäste empfing. In unmittelbarer Nachbarschaft begann der Bau der zwölf Kollegien, dem Sitz der von Peter neu eingeführten, nach Ressortprinzip gegliederten Regierungsbehörden, und der Kunstkammer mit Anatomiehörsaal und Observatorium. Der berühmte Gottorfer Globus fand hier seinen Aufstellungsort.

Blickt man auf die Baugeschichte der Stadt, so sind nicht nur die Zeugnisse im Stadtkern zu erwähnen, sondern auch die sie umgebenden Paläste des Zaren. Seine erste Europareise hatte ihn an die Ostsee, in die Niederlande und nach England geführt, und in gewisser Weise merkte man der Stadt diese Vorbilder in den ersten Jahren an. 1717 besuchte Peter jedoch Paris und Versailles. Seine Sommerresidenz Peterhof am Finnischen Meerbusen strebte danach, die Palastanlage der französischen Könige zu übertreffen: Peter ließ Palast und Gärten zum Wasser hin ausrichten und mit einer Wasserkunst versehen, die durch die zugrunde liegende Hydraulik die Betrachter in Staunen versetzte. Technisches Interesse des Zaren, das Denken in den Kategorien des Prestiges und die Pläne des ersten Architekten Johann Friedrich Braunstein mündeten in eine Palastanlage, die wie die anderen Sommerresidenzen Peters bei Lebzeiten des Zaren nicht vollendet wurde, aber in Europa ihresgleichen suchte.

## Die Anfänge des Hafens

St. Petersburg war aber von Beginn an nicht nur eine zum Wasser und auf das Wasser orientierte Stadt und Residenz, sondern auch ein Hafen, der den Absichten Peters, eine Drehscheibe des Handels zu schaffen, gerecht zu werden hatte. Bereits 1703, als kaum mehr als die hölzerne Peter-und-Paul-Festung zu sehen war, lief das erste große Handelschiff in der Newa ein. Aber der Große Nordische Krieg (1700–1721) behinderte zunächst die Entwicklung des Handels: Im Sommer 1704 beschoss eine schwedische Flottille die auf Kotlin in Bau befindliche Festung Kronschlot, so dass der Zar wenig später befahl, die gesamte Insel zu befestigen und zum Militär- und Handelshafen auszubauen. Die angewandten Maßnahmen ähnelten denen für den Bau der Stadt an den Ufern der Newa: 1708 ließ er 3000 Einwohner unterschiedlicher Regionen des Reiches nach Kronschlot beordern, von denen sich freilich die

Die kaiserliche Sommerresidenz Peterhof zeichnet sich insbesondere durch ihre Wasserkunst und ihre einmalige, das Meer einbeziehende Gartenarchitektur aus.

Hälfte vor ihrem Eintreffen auf der Insel dem Befehl durch Flucht entzog. 1712 wies der Zar 1 000 Adlige an, auf der Insel ihren Wohnsitz zu nehmen, um dem Festungs- und Handelspunkt ein städtisches Gepräge zu geben. Seit 1723 trug sie den Namen Kronstadt und avancierte in mehrfacher Hinsicht zum Tor St. Petersburgs: Hier wurde im 18. Jahrhundert bereits der Zoll für einfahrende Schiffe erhoben, und hier mussten insbesondere die großen englischen und niederländischen Handelsschiffe vor Anker gehen, um den regen Schiffsverkehr auf der Newa nicht zu behindern. Vielfach leichterten die internationalen Kauffahrer Schiffe auf kleinere Frachter und Kähne, um sie ins Zentrum St. Petersburgs zu bringen. Kronstadt wurde nie zu einem Ort des Adels, sondern zu einem der Beamten und Zöllner, der Matrosen und Händler, der Marinesoldaten und Offiziere.

„Cronstadt ist der … Vorhafen von St. Petersburg, wo die großen
Schiffe gelöscht und beladen werden. Als wirklicher Handlungsort
kann Cronstadt nicht in Anschlag kommen … Ohngeachtet der
scheinbaren Tätigkeit, die im Sommer in dieser von 30 000 Menschen bewohnten Stadt herrscht, findet doch daselbst wenig Verkehr
statt. Alles Gewühl daselbst ist die Folge von dem großen Theile der
daselbst liegenden Kriegsflotte und von den fremden, hier vor Anker
liegenden Kauffahrteyschiffen. Cronstadt ist allein durch die kostbaren Werke, welche zum Behuf der eigenen Flotte und auch zur
Sicherheit der fremden Schiffe angelegt sind, merkwürdig." (Wilhelm
Christian Friebe, Über Russlands Handel, Teil 2, 1796)

In der Stadt St. Petersburg begannen Binnen- und Seehandel
langsam anzulaufen, im Schatten des Krieges und mit Unterstützung Peters. Sicher trug die Verlegung des Hofes und zentraler Regierungsbehörden zu ihrer Entwicklung bei. Genauso
wichtig jedoch war die gezielte Förderung des jährlich mehr als
200 Tage eisfreien Hafens gegenüber Archangelsk. Während
englische Schiffe sich sofort auf St. Petersburg umzustellen begannen, taten sich die niederländischen Fahrer, die den Handel
nach Archangelsk dominierten, schwer. Peter I. zwang sie durch
einen hohen prohibitiven Zoll auf Waren, die in der alten Handelsstadt am Weißen Meer ausgeschifft wurden, ihre Waren-
ströme in die neue Hauptstadt umzulenken. Für die Ostseehä-
fen, zum Beispiel Lübeck, lag Peters Stadt an der Newa ohnehin
günstiger. So liefen 1722, im ersten Jahr nach Ende des Großen
Nordischen Krieges, mehr als 100 auswärtige Schiffe in Petersburg ein, davon 35 aus englischen Häfen, 22 aus den Niederlanden. Noch davor rangierten jedoch die norddeutschen Häfen
mit allein 12 Schiffen aus Lübeck. Rohstoffe und Halbfertig-
produkte, insbesondere Eisen, dominierten die Ausfuhr aus dem
Petersburger Hafen im 18. Jahrhundert, während Fertig- und
Luxusprodukte, nicht zuletzt für die Bedürfnisse des Hofes, die
Einfuhr bestimmten. Der Aufstieg Petersburgs in der Epoche
seines Gründers trug auf diese Weise zum Niedergang der alten
Hafenstadt Archangelsk bei und zeigt beispielhaft, mit welchen
Kosten die Errichtung eines neuen Zentrums an der Ostsee für
das gesamte Zarenreich verbunden war. Eines gelang jedoch
nicht: Peter hatte davon geträumt, auf den Werften seiner neuen

Stadt eine russische Handelsflotte zu bauen, welche die Ostsee würde dominieren können. Auch wenn der Anteil russischer Handelsfahrer in den Städten rund um die Ostsee im 18. Jahrhundert bedeutend werden sollte, der Ostseehandel in der Ostsee und auch der Handel in St. Petersburg standen nicht nur im 18. Jahrhundert im Zeichen der englischen Dominanz.

## Die Stadt der Bildung und der Wissenschaften

Peter I. plante bereits in seiner Herrschaftszeit, seine Stadt zu einem Zentrum der Bildung und der Wissenschaft zu machen. Damit meinte er zum einen Schulen und Bildungseinrichtungen, die praktische Kenntnisse und damit einen unmittelbaren Staatsnutzen versprachen. So wurden etwa in der Stadt 1712 eine Garnisonsschule für Soldatenkinder oder die Navigationsschule für Seeoffiziere, die 1715 von Moskau an die Newa verlegt wurde und den Nukleus der späteren Marineakademie bilden sollte, angesiedelt. Ebenso wurden an größeren Handwerksbetrieben und Werften Schulen gegründet und vermittelten den Kindern Lese- und Schreibkenntnisse sowie grundlegende mathematische Fertigkeiten.

Diese Schulen waren im Zarenreich eine Innovation, doch Peter dachte in einem größeren, europäischen Rahmen. Seit seiner Europareise 1697/98 im Rahmen der „Großen Gesandtschaft", als er auch die „Royal Society" in London besucht hatte, verfolgte er den Gedanken, eine Spitzeninstitution der Forschung und Bildung zur Erschließung seines Reiches zu gründen. Hierüber korrespondierte er mit Gottfried Wilhelm Leibniz und Christian Wolff, auf deren Unterstützung er bei der Anwerbung von Wissenschaftlern setzte. 1718 sprach er den Gedanken in einer Randbemerkung auf einem Schriftstück aus: „Eine Akademie schaffen". 1724 genehmigte Peter ein Statut, das eine Akademie als Forschungseinrichtung für Natur- und Geisteswissenschaften, aber auch als Bildungsstätte vorsah: Ein Gymnasium und eine Universität sollten angegliedert werden und auch in dieser Hinsicht seine Stadt zur modernsten des Reiches machen.

Als die Akademie in St. Petersburg im Jahre 1725 gegründet wurde, war ihr Initiator bereits gestorben. Peters Frau, die Kaiserin Katharina I., war jedoch bei der Eröffnung zugegen. Peter hatte gerade bei der Gründung der Einrichtung Weitblick bewiesen. Die Akademie, die zunächst nicht auf einheimischen Forschernachwuchs setzen konnte, zog hervorragende Gelehrte, vor allem aus dem deutschsprachigen Europa, an. Aus Württemberg kam der Philosoph Georg Bilfinger, aus Königsberg der Mathematiker Christian Goldbach, aus Basel Leonhard Euler, aus Groningen sein Berufskollege Daniel Bernoulli; die Liste ließe sich verlängern. Nach wenigen Jahrzehnten nahm die Petersburger Akademie auch russische Nachwuchsforscher, die einen europäischen Bildungsgang erhalten hatten, auf. Sie förderte damit nachhaltig das Entstehen der modernen russischen Wissenschaftselite. Exemplarisch steht hierfür der russische Universalgelehrte Michail Lomonossow, von dem der russische Schriftsteller Alexander Puschkin meinte, er sei mit seiner Vielzahl von Begabungen „Unsere Universität". Die Akademie organisierte die großen Expeditionen, die im 18. Jahrhundert den unzugänglichen Norden des Reiches, Sibirien und den Fernen Osten erschlossen. Hier wurde im 19. Jahrhundert im Bereich von Mathematik und Naturwissenschaft Spitzenforschungen vorgelegt, eine Tradition, an die man auch in der Sowjetzeit anknüpfen wollte. Die Petersburger Akademie, auf der Wassili-Insel in unmittelbarer Nachbarschaft zur Kunstkammer gelegen, sollte aber kein Arkanum der Wissenschaft sein, sondern über öffentliche Vorträge und Veranstaltungen zur Popularisierung von Bildung in der Petersburger Elite beitragen. Dass die praktische Umsetzung dieser Pläne zunächst nur schwer gelingen konnte, lag auf der Hand. Die angeworbenen Akademiemitglieder sprachen Deutsch oder Latein, der Adel zu diesem Zeitpunkt zumeist nur Russisch. Dies sollte sich freilich im Zuge der „Verwestlichung" im Laufe des 18. Jahrhunderts nachhaltig ändern.

Einerseits strebte Peter in der Stadt nach der Durchsetzung einer ständischen Ordnung, andererseits sah er gerade den städtischen Raum Petersburg als einen Ort an, der eine neue Kultur des Umgangs miteinander popularisieren sollte. Dazu gehörten die öffentlichen Vorträge der Akademie, dazu gehörten aber auch die Bälle und gesellschaftlichen Lustbarkeiten, die den Petersburger Hof so deutlich vom Moskauer Hof unterscheiden sollten. Dazu zählte schließlich das Vorhaben der „Assembleen", der geselligen Versammlungen, auf denen Stände übergreifend zusammenkommen und „nützliche" Konversation betreiben sollten – Mann und Frau. So befahl er es im Jahre 1718 allen „Personen von Rang als Edelleuten, Oberofficirs, Kaufleuten, commendirenden Meisters, Cantzley Beamten, samt Frauen und Kindern." Peter selbst und seine Frau, die litauische Bauernmagd Marfa Skawronskaja, die er heiraten und 1724 als Katharina I. zu seiner Kaiserin krönen lassen sollte, liebten solche Geselligkeiten, die Umgangsformen bilden und unterhaltsam zugleich sein sollten.

## Tagesablauf Peters I. in St. Petersburg, 1713

„Seine Majestät pflegt allzeit früh auf zu sein [...] und versammelt den geheimen Rat schon um drei Uhr morgens. Anschließend begibt er sich auf die Werft, wo er den Schiffsbau inspiziert und auch selbst Hand anlegt [...] Um neune zimmert er, und zwar mit einem Geschick, dass es manch ordentlichen Zimmermannsmeister beschämt. Um elf Uhr speist er, mag sich aber nicht lange bei Tisch aufhalten. Nachdem er ein wenig der Ruhe gepflogen hat, wie das in Rußland Sitte ist, setzt er seine Inspektionstouren auf den Baustellen fort [...] Abends macht er Besuche oder soupiert mit Gästen [...] Seine Majestät verachtet die Karten und alle anderen Spiele [...] Auch die Jagd ist ihm ein Graus. Sein größtes Vergnügen aber ist es, sich auf dem Wasser aufzuhalten. Das Wasser ist sein natürliches Element [...]"

## Das Erbe Peters

Peter war freilich nur selten auf seiner Baustelle St. Petersburg. Rastlos begleitete er seine Truppen im Krieg; er inspizierte seine Gouvernements und überwachte die allmähliche Verlagerung der von ihm als neue Zentralbehörden gegründeten Kollegien von der Moskwa an die Newa. Als er 1725 starb, hatte das Reich unter seiner Herrschaft kaum ein Friedensjahr erlebt. Er hatte danach gestrebt, die Modernisierung der russischen Elite nach westeuropäischem Vorbild zu forcieren und ausländische Fachkräfte in ungekanntem Ausmaß nach Russland geholt. Die Ergebnisse all dieser Veränderungen ließen sich in St. Petersburg wie in einem Brennspiegel und vor allem viel früher als im übrigen Zarenreich sehen. Zum Aufbruch und der Faszination für die Person und ihr Werk gehören aber auch die Opfer dieser Entwicklung. Vielen seiner Untertanen schien das Tun des Zaren unverständlich und daher fremd. Die Stadt, die man bei seinem Tod auf 40 000 Einwohner schätzte, war eine Baustelle, auf der an unterschiedlichsten Ecken gewerkelt wurde und die damit so wenig aus einem Guss war wie seine Reformen.

Peters schillernder Charakter, der Glanz seiner Stadtgründung und seines Imperiums werden bis in die Gegenwart für die unterschiedlichsten Zwecke in Anspruch genommen. So gilt unter veränderten Vorzeichen vielleicht noch immer, was Paul de Julvécourt 1834 mit einem gewissen Schauern, aber auch mit Respekt bemerkte: „Der große Schatten des Zaren verfolgt einen in Petersburg auf Schritt und Tritt; er liegt auf allen Monumenten, wandert über alle Quais und Plätze. Tatsächlich verlässt ein großer Monarch seine Stadt und seine Lande nie".

In der Tat lässt sich sagen, dass die Stadt in ihrer Identitätsbildung auch lange nach seinem Tod auf Peter bezogen blieb. St. Petersburg war nicht nur das Experimentierfeld des Zaren gewesen, was Militärwesen, Handwerk, Wissenschaft und Bildung, Architektur und die Künste anging, es sollte nach seinem Willen den Untertanen seines Reiches von der Ostsee bis zum Pazifik eine Vorausschau dafür bieten, was an Veränderung, an „Europäisierung" auf sie zukommen würde. Peters Streben nach europäischem Prestige mündete nicht nur in der Eroberung des Baltikums im Großen Nordischen Krieg. Es führte zur Annahme des Imperatortitels 1722, der eine veränderte Auffassung von der eigenen Position in der Welt anzeigte – im Verhältnis zum Habsburgerkaiser, aber auch im Verhältnis zu den anderen europäischen Mächten. Peter machte sein Reich zum nördlichen Imperium und St. Petersburg zur symbolträchtigen Hauptstadt seines Machtanspruchs.

Gegen seine Reformpolitik und seinen Ausbau der neuen Hauptstadt regte sich immer auch Widerstand – in der alten

Hauptstadt Moskau, der Verkörperung des traditionalen „heiligen Russland", aber auch in Gestalt zahlreicher Aufstände im Reich. Der Zar war sich bei aller Innovationsbegeisterung durchaus bewusst, dass seiner neuen Stadt eine Verbindung mit althergebrachter Herrschaftslegitimation gut anstand. Der Große Nordische Krieg gegen Schweden ließ ihn hierfür auf eine Herrschergestalt zurückgreifen, in deren Nachfolge er sich gerne stellte. 1710 befahl er ein Kloster zu Ehren des Fürsten von Nowgorod, Alexander Jaroslawitsch, zu gründen, und zwar an der Stelle, wo dieser Rjurikide 1240 einen Sieg über die „lateinischen" Schweden an der Newa errungen haben soll, was ihm den Beinamen „Newski" eingetragen hatte. In das Alexander-Newski-Kloster, das zu einem der herausragenden geistlichen Zentren des Landes avancierte, ließ Peter 1724 die Reliquien des Fürsten in einer feierlichen Zeremonie aus der Stadt Wladimir nach St. Petersburg überführen.

Die Grundorientierung, die Gründung und Ausbau St. Petersburgs anzeigten, blieb. Peters Nachfolgerinnen im 18. und Nachfolger im 19. Jahrhundert richteten die Stadt weiter auf sein Werk aus. Dies sollte sich erst im 20. Jahrhundert ändern, als man nach der russischen Revolution mit der Umbenennung der Stadt 1924 in Leningrad einen Identitätswechsel zu schaffen versuchte – für die Stadt und das Land.

## Die „zweite Geburt" der Stadt

Peters Nachfolgerin, seine Frau Katharina I., setzte sein Werk während ihrer kurzen Herrschaft fort. Neben der Sorge um die von Peter geplante Akademie der Wissenschaften galt ihr Hauptaugenmerk vor allem dem Ausbau der Sommerresidenz in Zarskoje Selo, damals etwa 40 Kilometer südlich vor der Stadt. In ihrer Zeit wurde der Grundstein für den so genannten Katharinen-Palast gelegt, dessen Bauzeit sich freilich über das Jahrhundert hinziehen sollte.

Zugleich war das „Projekt Petersburg" noch immer gefährdet. Die wiederkehrenden Hochwasser wie etwa im Jahr 1726 führten nicht nur zu Baurückschritten, sondern zu Opfern, die

die Sinnhaftigkeit dieser Stadtgründung und ihre Hauptstadt-
funktion am Rande des Zarenreiches trotz der offenkundigen
strategischen Bedeutung infrage stellten. Nur innerhalb der
neuen Paläste war Petersburg ein wirtlicher Ort. Die Gesandten
berichteten davon, dass Peters Stadt eben nur in Teilen jene
wohlgeordnete, „regulierte" Kapitale war, die er sich erträumt
hatte. Bei Nacht, so eine Relation, käme es zu „unerhörten und
auf öffentlicher Straße … verübten Mordtaten". Gesindel treibe
sein Unwesen und im Winter streiften Wölfe durch die Stadt.
Bis weit ins 18. Jahrhundert hinein zerstörten Wildschweine
auf der Wassili-Insel die Gärten der Akademie und der zwölf
Kollegien. Die Stadt hatte noch nicht über die Natur gesiegt.

Als Katharina I. nach kurzer Regierungszeit 1727 starb und
Peters Enkel Peter II. den Thron bestieg, kam es zur größten
Bedrohung in der noch jungen Geschichte der Stadt. Unter
dem Einfluss seiner auf die Moskauer Traditionen orientierten
Berater wurden Hof und Regierung nach Moskau zurückver-
legt. In der Konkurrenz zwischen den Kapitalen, zwischen
Reformorientierung und Tradition, schien das „heilige" Mos-
kau die Oberhand zu gewinnen. Als Peter II. jedoch Anfang des
Jahres 1730 im jugendlichen Alter von 14 Jahren an Pocken
starb, wendete sich das Blatt erneut.

Die neue Kaiserin Anna, eine Nichte Peters des Großen,
kehrte 1732 mit dem Hof nach St. Petersburg zurück. Moskau
blieb Krönungsstadt der Zarinnen und Zaren, aber Hauptstadt
und Regierung blieben bis nach der Oktoberrevolution an der
Newa. Man hat daher nicht zu Unrecht von der „zweiten Geburt" der Stadt gesprochen, und man mag dies für das größte
Verdienst einer Kaiserin halten, die an Kunst und Kultur, Architektur und Malerei, vor allem aber an Zerstreuung interessiert
war. Regierungsgeschäfte erledigte sie gerne auf der Jagd, in der
zweiten Hälfte ihrer Regierungszeit unterschrieb sie kaiserliche
Erlasse nicht einmal mehr selbst, sondern überließ das alltägliche Regierungsgeschäft ihrem Kabinett. Dass sie sich vor allem
mit deutschsprachigen Höflingen umgab, hat dazu geführt, ihre
zehnjährige Herrschaft als Deutschenherrschaft abzuqualifizie-
ren. Diese Einschätzung gilt wohl zu Unrecht, denn bei aller
Vergnügungssucht war Anna doch an der Steigerung der Macht

des Imperiums nachhaltig interessiert und durchaus eine eigenwillige und machtbewusste Herrscherin, die sich weder ihrem Favoriten Ernst von Büren (Biron) noch den beiden anderen überragenden Staatsmännern ihrer Zeit, dem Generalingenieur Burkhard Christoph von Münnich oder dem Diplomaten und Bochumer Pastorensohn Heinrich (Andrei) Ostermann, unterordnete. So setzte sie in einem erfolgreichen Krieg in Polen ihren Kandidaten für den Königsthron in Warschau durch, und vor allem baute sie an St. Petersburg als „Fenster Europas", wie Francesco Algarotti 1739 die Stadt erstmalig nannte. Hier war Anna, wenn auch nicht Tatmensch wie der Stadtgründer, sicher eine würdige Nachfolgerin Peters.

Während der Herrschaft Annas wurde 1732 das erste Kadettenkorps gegründet. Schon Peter I. hatte gegen Ende seiner Regierungszeit veranlasst, dass die von ihm gegründeten Garderegimenter, das Ismailowski- und Semjonowski-Regiment, dauerhaft von Moskau nach St. Petersburg verlegt wurden. Andere Regimenter kamen hinzu, weitere wurden zu Ehrenwachen und zu Ordnungsdiensten turnusmäßig in die Stadt verlegt. Seit Peter wurde zwischen dem Dienst bei Hofe, in der Verwaltung und im Militär unterschieden, und ebenso wie die adligen Dienstleute in Ränge eingeteilt wurden und nach Aufstieg strebten, so galt der Militärdienst als der prestigeträchtigste. Was ein junger adliger Offizier nicht nur an Strategie, Taktik und Waffenkunde zu wissen, sondern auch, wie er sich auf dem höfischen Parkett zu bewegen hatte, wurde ihm nach 1732 in diesem ersten Kadettenkorps des Russischen Reiches nahe gebracht. Kaiserin Anna tat mit seiner Gründung einen weiteren Schritt in Richtung „Verwestlichung" und trug zugleich den Bedürfnissen des Adels Rechnung. Die Orientierung auf die französische Hofkultur in Petersburg befand sich freilich erst in ihren Anfängen: Von den ersten 245 russischen Zöglingen des Kadettenkorps lernten 237 Deutsch und 51 Französisch. Schon bald sollte sich das Verhältnis jedoch umkehren.

Während Peter die adligen Familien noch namentlich angewiesen hatte, nach St. Petersburg zu ziehen, zog Anna den Adel durch die Stationierung der Garderegimenter, durch einen exklusiven Ausbildungsort des Adels und durch einen Ausbau des

Hofes in die Stadt. In ihrer Zeit wurde im Kaiserlichen Theater des Winterpalastes die erste Oper in Russland inszeniert. Es war ihrem Wunsch nach Unterhaltung zu verdanken, dass 1738 eine Hofschule für Tanz und Ballett gegründet wurde, deren Geschichte bis in unsere Tage reicht und die berühmte russische Balletttradition begründete.

Auch baulich entwickelte Anna die Stadt weiter: Peter I. hatte in seiner Zeit zahlreiche adlige und nichtadlige Personen ins Ausland geschickt, um sich dort auf allen Feldern, die dem Staat nützlich waren, ausbilden zu lassen. Künftige Seeoffiziere und Akademiemitglieder waren unter ihnen, aber auch eine neue Generation russischer Architekten. Nach 1716 studierten acht junge Russen zu diesem Zweck in den Niederlanden und Italien. Als Anna den Thron bestieg und der führende Architekt Domenico Trezzini 1734 starb, war ihre Stunde gekommen. Iwan Korobow und Michail Semzow planten Palast- und Kirchenbauten, darunter die Kirchen des Heiligen Panteleon und der Heiligen Simon und Anna. Der bedeutendste Architekt war jedoch sicher Pjotr Jeropkin, der sieben Jahre in Rom studiert hatte. Seine Chance kam, als im Jahre 1737 ein verheerendes Feuer mehr als tausend Gebäude im Admiralitätsviertel zerstörte. In diesem Viertel waren entgegen den Anweisungen Peters zahlreiche Holzhäuser in Wildwuchs entstanden. Jeropkin wurde zum Leiter der Baukanzlei und einer Sonderkommission für den Wiederaufbau, die sich im Ergebnis an eine umfassende Neuplanung der Stadt machte und sich von den alten Plänen Trezzinis und LeBlonds abwandte. Nicht die Wassili-Insel sollte das Zentrum der Stadt werden, sondern die Admiralitätsseite, wo ja bereits Winter- und Sommerpalast standen. Neu war allerdings die systematische Anlage der Stadt. Wie in Rom von der Piazza del Popolo und in Paris von Versailles aus sollten Magistralen die Stadt strukturieren. Freilich sollten sie nicht auf den Sitz des Herrschers zulaufen, sondern auf die Admiralität, während der Winterpalast etwas seitlich lag.

Die von Jeropkin geplanten Perspektiven sollten die Flüsse Moika und Fontanka sowie den später begonnenen, aber zu dieser Zeit bereits geplanten Katharinenkanal (Gribojedow-Kanal) einbeziehen und ein Ringsystem bilden. Darüber hinaus

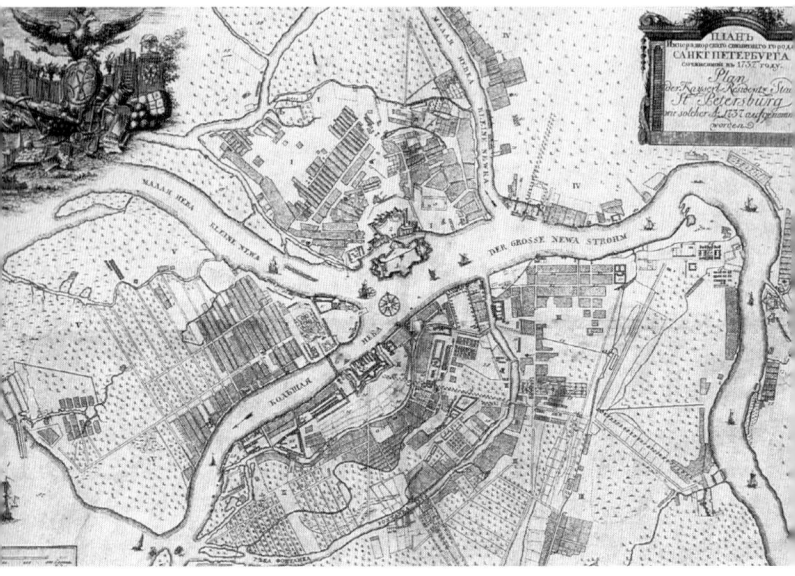

Der Stadtplan von 1737 nach Plänen von Pjotr Jeropkin zeigt die „regulierte" Stadt mit einem Zentrum auf der so genannten Admiralitätsseite (linkes Newa-Ufer).

plante Jeropkin mit Korobow, Semzow und anderen vorhandene und künftige Stadtviertel neu: Während die Wassili-Insel weitgehend in der Planung erhalten blieb, wurden auf der Admiralitätseite weitere Wohnhäuser und Palais des Adels in Angriff genommen, wobei dem Erhalt der Perspektive mit dem Fluchtpunkt der Spitze des Admiralitätsturms besondere Bedeutung zukam. Auch für die übrigen Stadtviertel und Vororte wurde eine neue Planung vorgenommen. So wurde die so genannte Petersburger Seite hinter der Peter-und-Paul-Festung bestimmten Handwerksberufen zugewiesen: In den *Puschkarskie ulizy* sollten die Kanonengießer, in den *Monetnie ulizy* die Münzer und in den *Selejnyie ulizy* die Schießpulver produzierenden Kleinhandwerker wohnen und arbeiten. 1738 begannen Jeropkin und seine Mitarbeiter mit der systematischen Vergabe von Straßennamen, um die Bauten im Stadtbild besser lokalisieren und ein Kataster erstellen zu können. Es war in

34

diesem Jahr, dass aus der „Großen Perspektive", die auf das Newski-Kloster zulief, der „Newski Prospekt" wurde. Der Plan von 1737 mit seiner Strukturierung durch Newski-Prospekt, Gorochowaja uliza (= Gerberstraße) und Wosnessenski-Prospekt dominiert St. Petersburgs Zentrum noch heute und sicherte der Stadt lange Zeit eine gewisse Großzügigkeit im Zentrum. Auch wenn der Brand von 1737 den Stadtplanern zum Leidwesen der Hausbesitzer in die Hände spielte, ist dies vielleicht der entscheidendste Schritt der Stadtentwicklung zur Zeit der Kaiserin Anna: nach der Wiedergeburt die nachhaltige Planung der Stadt.

## Der Eispalast

Im Winter zu Beginn des Jahres 1740 wurden durch die Wissenschaftler der Akademie die tiefsten bis dahin gemessenen Temperaturen in der Stadt registriert – bis zu -45°C. Um die Kaiserin bei diesen Temperaturen etwas aufzumuntern, richteten die Architekten Artemi Wolynski und Pjotr Jeropkin ein Spektakel aus, an das sich die Zeitgenossen noch lange erinnern sollten. Dem Akademiemitglied Georg Kraft verdanken wir detaillierte Aufzeichnungen: Zur Unterhaltung der Kaiserin Anna, die sich mit einem gewaltigen Hofstaat von Narren und Zwergen umgab, sollte der alte und kleinwüchsige Fürst Golyzin mit einer Kalmückin vermählt werden; ihre Hochzeitsnacht sollten die beiden in einem Eispalast auf der zugefrorenen Newa verbringen. Reinstes Eis wurde gehauen und mit barocken Zierelementen versehen; der Palast von 16 Meter Länge, so Kraft, wurde über und über mit Säulen, Statuen in Delphinform und Ähnlichem verziert. Im Palast selbst gab es einen Speisesaal und ein Schlafzimmer aus Eis, selbst die Holzscheite wurden aus dem vergänglichen Material gestaltet. Vor dem Palast standen Tiere aus Eis, etwa ein Elefant, in dessem Inneren Gebrüll mit Hilfe eines Trompete blasenden Menschen erzeugt wurde. Am Tag der Hochzeit des Fürsten zog eine riesige Prozession zu diesem Palast – bestehend aus den Völkern des imperialen Reiches in ihrer jeweiligen Landestracht. Durch Kerzen wurde der Palast von innen erleuchtet. Das Hochzeitspaar verbrachte hier die Hochzeitsnacht und wurde, so die von Kraft erinnerte Geschichte, glücklich. Die Kaiserin freilich erlebte das Glück dieser zwangsgestifteten Ehe nicht mehr. Sie starb im Oktober des gleichen Jahres.

# Die Stadt im Glanz des Barocks

Nicht zu Unrecht hat man das 18. Jahrhundert in der russischen Geschichte als das Zeitalter der Palastrevolutionen bezeichnet. Peter I. war von der Primogenitur zu einer Thronfolgeregelung übergegangen, bei der der Selbstherrscher seinen Nachfolger unabhängig vom Verwandtschaftsgrad aussuchen konnte. Doch nur in den seltensten Fällen war die Thronfolge vom amtierenden Herrscher klar geregelt. Nachfolgefragen waren in einem derart stark auf den Herrscher zentrierten Staat natürlich zutiefst politische Fragen, und so kümmerte sich Anna intensiv um ihre Nachfolge. Gegen Ende ihrer Herrschaft setzte sie ihren gerade geborenen Großneffen, den erst wenige Wochen alten Iwan (VI.), ein. Seine Regentschaftsregierung war nach dem Tode Annas jedoch äußerst unpopulär, weil sie eine erkennbare politische Stabilität vermissen ließ. Dies nutzte zum Beginn des Jahres 1742 die letzte lebende Tochter Peters des Großen, Elisabeth. Unter dem Motto „Ihr wisst, wessen Tochter ich bin" von dem Charisma ihres Vaters profitierend, ließ sie den kleinen Zaren und seine Entourage festsetzen und bestieg selbst den Thron Russlands.

Als zum Zeitpunkt ihrer Geburt illegitime Tochter des Zaren hatte Elisabeth sich in der Amtszeit Annas politisch zurückgehalten, jedoch geschickt Netzwerke geknüpft und sich der Unterstützung der Garderegimenter versichert, mit deren Hilfe sie nun den kleinen Zaren und seine Familie nicht nur aus dem Inneren der Macht entfernte, sondern dem Vergessen anheim gab: Iwan (VI.) wurde in der Festung Schlüsselburg inhaftiert, jener Festung, die Peters Truppen auf dem Weg in die karelische Landschaft der Newa erobert hatten. Hier sollte er bis zum Jahre 1764 in Gefangenschaft bleiben und schließlich in der Zeit Katharinas II. eines gewaltsamen Todes sterben.

Die 20 Jahre während Herrschaft Elisabeths war in mancher Hinsicht eine Periode der Festigung. Bis zum Ausbruch des Siebenjährigen Krieges 1756, in dem Russland einer antipreußischen Koalition beitrat, gab es Frieden. Manche der petrinischen Reformen konnten erst jetzt ihre Wirkungen entfalten. Der Petersburger Hof schwenkte in dieser Zeit vollständig auf die französische Hofkultur ein. Für den gebildeten Adligen der Hauptstadt wurde es unabdingbar, auf Französisch Konversation betreiben zu können, er begann sich für die französische Aufklärung zu interessieren, während in der Zeit Peters eher die deutsche Frühaufklärung von Bedeutung gewesen war. Elisabeth selbst war, wie ihre Vorgängerin, vor allem am äußeren Glanz der französischen Kultur interessiert, sie liebte Oper, Tanz und Schauspiel. Ihre Bälle und Gesellschaften waren ebenso verschwenderisch wie ihre Garderoben. Auf der anderen Seite war Elisabeth von einer tiefen Religiosität und Hingabe zur Orthodoxie geprägt, hatte Sinn für ihre Untertanen und deren Volkskultur. Vor allem aber traf sie bei der Personalauswahl geschickte Entscheidungen. Ihr Favorit Alexei Rasumowski war anders als Ernst von Biron ohne eigene politische Ambition; ihre Berater, insbesondere die Familie Schuwalow, erwiesen sich als reformfreudig und einer rationalen, der Aufklärung verpflichteten Regierung zugeneigt. So wird man wohl die Abschaffung der Binnenzölle und die Herstellung eines einheitlichen Wirtschaftsraumes im Imperium, von dem nicht zuletzt St. Petersburg profitierte, interpretieren dürfen. 1755 gründete Elisabeth eine Universität, jedoch nicht in der Hauptstadt, sondern – zum Leidwesen der Petersburger Akademiemitglieder in St. Petersburg – in Moskau. In jedem Fall handelte es sich um bedeutende Akzentsetzungen, die freilich noch durch das übertroffen wurden, was ihre Herrschaft für den Ausbau der Hauptstadt bedeutete.

In ihrer Zeit erstrahlte die Stadt an der Newa vollends im Glanz des imperialen Barock. Für diese Entwicklung stand vor allem der Name Bartolomeo Francesco Rastrelli. Sein Vater Carlo Bartolomeo war aus Paris kommend seit 1716 in den Diensten Peters gewesen. Bereits in der Zeit Annas hatte der Sohn die Residenz der Herzöge von Kurland, Schloss Rundale, ausgebaut. Gegen Ende ihrer Herrschaft war er zum Hofarchitekten ernannt worden, doch seine große Zeit waren die 20 Jahre der Herrschaft Elisabeths. Er dominierte in Formen- und Farbensprache derart, dass es seinen Mitstreitern schwer fiel, eine eigene architektonische Sprache zu finden. Sein Ausbau des traditionsreichen Kiewer Höhlenklosters und erste Bauten in Moskau gaben einen Vorgeschmack davon, was er in St. Petersburg leisten sollte.

Der Architekt und sein Team prägten die Stadt durch eine Reihe von Adelspalais und vor allem durch den Neubau des Winterpalastes in seiner heutigen äußeren Gestalt. Am Beginn seiner Tätigkeit stand jedoch der Bau des so genannten Smolny-Klosters, benannt nach einer Wiese am damaligen Stadtrand, auf der Teer gelagert wurde. Der offizielle Name Neujungfrauen- und Auferstehungskloster verwies auf existierende Moskauer Klöster. Die tiefreligiöse Elisabeth wusste um die Macht symbolischer Politik und knüpfte bewusst an bedeutende Orte der Religiosität des Moskauer Reiches an. Rastrelli baute zwischen 1748 und 1764 einen geschlossen Bau mit einer fünfkuppeligen Kathedrale im Zentrum. Elisabeth hatte ihn angewiesen, sich an der Sakralarchitektur des Moskauer Kremls zu orientieren. Der Grundriss der Kirche, in den ein griechisches Kreuz eingelegt war, sowie die fünf Kuppeln der Kathedrale griffen diesen Wunsch auf, ohne auf die prächtigen Verzierungen und Ornamente zu verzichten, die dem Rastrelli-Barock eigen waren. Noch heute ist das Türkisblaue, die Lieblingsfarbe der Kaiserin, das konstitutive Element des Farbeindrucks.

Jenseits der architektonischen Bedeutung der Anlage wurde das Smolny ein wichtiger Schauplatz der Stadt- wie der imperialen Geschichte Russlands. Kaiserin Katharina richtete hier zwei bedeutende Frauenbildungsinstitute für adlige und nichtadlige Mädchen ein, die ersten in Russland. Die „Smoljanki" waren Frauen, denen ein herausragender Platz in der Petersburger Gesellschaft sicher war, ähnlich wie den Absolventen des Kadettenkorps, das Anna gegründet hatte. In den Jahren 1917/18 sollte das Smolny zudem Schauplatz der politischen Geschichte werden: Lenin und seine Bolschewiki führten den Kampf um die Revolution vom Smolny aus.

Rastrelli erhielt nicht nur von der Kaiserin Aufträge, sondern auch von den Großen des Reiches, die über die Pracht ihrer Adelspalais in St. Petersburg ihre Bedeutung zeigen wollten. Graf Michail Woronzow, Kanzler des Russischen Reiches, ließ sich von Rastrelli ein Palais an der Fontanka bauen (1746–1753). Weitere Paläste folgten, zum Beispiel für die über die Erschlie-

Das Smolny-Kloster ist einer der Glanzpunkte des Rastrelli-Barocks.

ßung Sibiriens zu Reichtum gekommenen Stroganows oder die Scheremetjews, eine Familie, die mehr als 200 000 Leibeigene besaß. Manche waren Hofanlagen, die sich zur Stadt abschirmten, wie das Stroganow-Palais an der Moika. Andere öffneten sich zur Stadt und trugen den Charakter von prächtigen Landsitzen mit offenen Gartenanlagen. Stadtplanerisch waren es diese Bauten, die der Stadt auch im Zentrum eine gewisse Großzügigkeit jenseits der Perspektiven und Radialen erhielten.

Auf Rastrelli geht auch die heutige Gestalt von Peterhof sowie des Katharinenpalastes in Zarskoje Selo zurück. Elisabeth hat viele Jahre ihrer Großfürstinnenzeit in dem kleinen Sommersitz verbracht, den ihr ihre Mutter Katharina I. vererbt hatte. In dieser vergleichsweise bescheiden alimentierten Lebensphase war an ein größeres Bauprogramm nicht zu denken, doch nach ihrer Machtübernahme begann sie mit Planungen und Ausbauten des Katharinenpalastes, bevor Rastrelli der leitende Baumeister auch dieser Anlage wurde. Nach 1752 überbaute der Architekt die verschiedenen Gebäudekomplexe auf eine einheitliche Höhe und gestaltete eine Fassade, die in manchem die Gestaltung des Winterpalastes vorwegnehmen sollte. 1755 wurde das berühmte Bernsteinzimmer, 1756 die Schlosskirche eingeweiht. Es war bezeichnenderweise das letzte Mal, dass Elisabeth mit ihrem ganzen Hofstaat und ausländischen Diplomaten den Landsitz besuchte. Ihre Bauinteressen hatten sich ganz dem Winterpalast zugewandt.

Für dessen Neuerrichtung – die vierte seit der Gründung der Stadt – nahm die Kaiserin auch Einschränkungen des Luxus in Kauf, allerdings nur gradueller Art. Auf dem Marsfeld, dem zentralen Exerzier- und Paradeplatz der Stadt, wurde ein provisorischer Holzpalast errichtet, der freilich von beeindruckenden Ausmaßen war.

Schon am Bau des dritten Winterpalastes in der Zeit Annas war der Architekt beteiligt gewesen. Das Ensemble wurde kurzerhand in den neuen, ungleich größeren Gebäudekomplex integriert. Der Zugang zum Palast erfolgte vom Schlossplatz aus. Die persönlichen Gemächer der Kaiserin erreichte man über die so genannte Jordantreppe, zur Newa-Seite gelegen. Aus der Zeit Rastrellis sind von der Inneneinrichtung nur der Thronsaal, die erwähnte Paradetreppe und die Schlosskirche erhalten; es waren die einzigen Räume, die er von der in ihren Ausmaßen grandiosen Anlage noch fertigstellen konnte.

Elisabeth freilich hat diesen Palast nicht mehr bezogen. Bevor sein Äußeres bis 1764 vollendet wurde, war die Kaiserin in jenem provisorischen Palast auf dem Marsfeld gestorben. Man mag dies symbolisch sehen: Die Stadt war unter der Tochter Peters erneut zur Baustelle geworden – und mehr noch als zur Zeit Peters zu einer Baustelle adliger und herrscherlicher Repräsentation. Es gab keine neuen größeren Bauten für öffentliche Verwaltung oder gar Fürsorge. Gefördert wurde vielmehr das, was den Zwecken des hauptstädtischen Hofes

Die Fassade des 1762 fertiggestellten Winterpalastes zum Schlossplatz.

diente: Wenn 1744 anlog zu anderen Hauptstädten eine eigene, noch heute berühmte Porzellanmanufaktur gegründet wurde, war dies ein Wunsch nach Ebenbürtigkeit. Wenn 1757 die Akademie der Künste gegründet wurde, entsprach dies dem Bedürfnis der Hauptstadt nach Malern, Bildhauern und Architekten, die in eigenen Klassen ausgebildet wurden. Wenn neben dem Landkadettenkorps ein weiteres für die Seekadetten und darüber hinaus ein Pagenkorps für den Hofdienst eingerichtet wurde, zeigt dies die gestiegene Attraktion, die die Stadt auf den Adel ausübte.

Freilich litt die Baustelle unter Ressourcenknappheit. Rastrellis bevorzugte Materialien waren ebenso wie die anderer Architekten Marmor, Gold und weitere edle Materialien. Die Kaiserin wandte einen enormen Anteil des Staatshaushaltes für Bauzwecke auf. Waren die Forderungen der Architekten in den ersten Jahren ihrer Herrschaft zunächst kein Problem gewesen, so trat Russland 1756 in den Siebenjährigen Krieg auf der Seite der Gegner Preußens ein. Elisabeths Feldherren führten große Expeditionskorps zwar erfolgreich nach Westen, teilweise besetzten russische Truppen gar Königsberg und Berlin. Aber die Kriegführung wie auch die Subsidienzahlungen an weniger mächtige Koalitionäre kosteten, und so verzögerten sich die Bauten der Kaiserin. Als Elisabeth starb, fiel auch ihr Architekt in Ungnade. Rastrelli war mit der Vorliebe für seinen spezifischen Barockstil bei der neuen Zarin Katharina II. persona non grata und zog sich verbittert nach Kurland zurück, wo er 1771 starb.

## Katharina II.

Die Zarin Elisabeth hatte in ihren letzten, von Krankheit geprägten Jahren nicht zuletzt unter den Spannungen gelitten, die sich aus ihrer Lösung der Thronfolgefrage ergaben. Einerseits hatte sie bereits 1742 ihren in Kiel geborenen Neffen Karl Peter Ulrich nach Russland kommen und zum Zarewitsch machen lassen. Nachdem sie bekannt gegeben hatte, ihr Gemahl sei Russland und sie beabsichtige nicht, einen anderen zu heiraten, wurde dieser Großfürst Peter (nach der notwendigen Konversion zur Orthodoxie) 1744 mit Prinzessin Sophie Friederike von Anhalt-Zerbst vermählt. 1756 wurde ein Erbe, Paul, geboren, so dass die Linie Peters des Großen gesichert schien. Andererseits war die Ehe zwischen Peter und seiner Gattin, die mit ihrem Übergang zur Orthodoxie den Namen Katharina annahm, schon bald zerrüttet. Beide standen zudem in unterschiedlichen politischen Lagern, so etwa in der Frage der Fortführung des Siebenjährigen Krieges, und beide nutzten die zunehmend schlechte Gesundheit der Kaiserin für ihre eigenen Geschäfte. Die Situation der politischen Lage Russlands war also auf den Baustellen der Hauptstadt ebenso wie auf dem diplomatischen Parkett ungeklärt. Peter, der im Januar 1762 seiner Tante nachfolgte, verstand es im Gegensatz zu seiner Frau nicht, eine Hausmacht zu bilden: Während er sich auf seine holsteinische Umgebung stützte, setzte Katharina auf einflussreiche Adlige und, wie bereits Elisabeth, auf die Garderegimenter.

Im Juni 1762 griff sie zum „bewährten Mittel" der Palastre-volution, führte die Garderegimenter auf den Schlossplatz, ließ ihren Mann inhaftieren – wohl um ihrer eigenen Inhaftierung zuvorzukommen. Katharina trat nicht etwa für den gemeinsa-men Sohn Paul die Regentschaft, sondern in höchst eigener Person die Herrschaft an. Ihr Mann wurde auf einem der Land-sitze unweit Petersburgs, in Oranienbaum, ermordet, wobei dies zumindest mit ihrer Billigung geschah.

Katharina besaß keinerlei Anspruch auf den Thron. Sie hatte sich auf Gardeoffiziere um die Gebrüder Alexei und Grigori Orlow gestützt, hatte geschickte Hofparteien in ihr politisches Netzwerk miteinbezogen und bemühte sich bereits in ihrem Thronmanifest um die Legitimtion ihrer Herrschaft, in dem sie sich zur Vollstreckerin Peters des Großen erklärte.

Ihre 34 Jahre währende Herrschaft war für Russland in mehr-facher Hinsicht erfolgreich: Zum einen begann eine gewaltige Expansion nach Westen. Nachdem man seit den Tagen Peters des Großen bereits die polnisch-litauische Wahlmonarchie poli-tisch dominiert und kontrolliert hatte, kam es in ihrer Regie-rungszeit zu den drei Teilungen Polens, die dem Nachbarn im Westen seine Eigenstaatlichkeit raubten, aber für die Teilungs-mächte enorme Gebietsgewinne erbrachten. Zum anderen, und in mancher Hinsicht eng verbunden mit der polnischen Frage, war die Südexpansion des Reiches: Was Peter nicht gelungen war, gelang seiner selbsternannten Erbin: In zwei Kriegen 1768–1774 und 1788–1782 eroberte sie lange Küstenstreifen am Schwarzen Meer; 1783 annektierten ihre Truppen unter Fürst Potjomkin die Krim. Schließlich wehrte sie Ambitionen Schwe-dens in einem Krieg im Windschatten des Zweiten Krieges gegen die Hohe Pforte ab, Revanche für die Niederlage im Großen Nordischen Krieg zu nehmen. Zwar konnte sie im Petersburger Palast den Kanonendonner der schwedischen Flotte hören, die bei Peterhof von einer russischen Flottille aufgehalten wurde. Letztlich war Russland jedoch zu diesem Zeitpunkt bereits eine Großmacht, die auch mit einem Zweifrontenkrieg fertig wurde. Das Prestige des Zarenreichs in Europa wuchs.

Katharina war, im Gegensatz zu Elisabeth, die sich auf ihre aufgeklärten Berater verließ, eine Intellektuelle auf dem Thron.

Katharina II. als Gesetzgeberin – die Kaiserin selbst achtete auf diese Interpretation ihrer Staatsportraits. – Gemälde von Fjodor Rokotow um 1770, Museum Eremitage St. Petersburg.

Sie betrieb zudem eine exzellente Öffentlichkeitsarbeit, indem sie Manifeste und Instruktionen in mehrere Sprachen übersetzen ließ. Sie pflegte Korrespondenzen mit den Größen der europäischen Aufklärung, informierte sich über Modernisierungsvorbilder in Frankreich und in den deutschen Territorien, die ihr vor ihrem biografischen Hintergrund vertraut waren. Sie las politische, staatsrechtliche und schöngeistige Literatur aus Italien und England und sortierte sie nach Brauchbarkeit für das Imperium. Denis Diderot lud sie ebenso wie unzählige Architekten, Maler, Künstler und Schriftsteller nach St. Petersburg ein; sie führte gleichsam ihren eigenen europäischen Salon, dessen Zentrum St. Petersburg war. Von hier aus unterwarf sie das Reich einem Reformwerk, das von der Bedeutung an das ihres Vorbilds Peters heranreichte und von der Systematik des Zugriffs dieses sogar überstieg. War Peter ein Praktiker der Reform, so war Katharina deren Theoretikerin. Grundlegende Gesetze ordneten das Reich in seinen Territorien neu; erste Selbstverwaltungsorgane wurden eingerichtet, unter anderem in St. Petersburg. Katharina unternahm den Versuch, die Städte systematisch zu reformieren und zu stärken; sie veränderte das Gerichtswesen und begann mit der Einführung von Bürgerrechten für Adel und Städter. An der Gesellschafts- und Sozialverfassung des Reiches änderte sie freilich nichts: Die Leibeigenschaft blieb deren charakteristisches Merkmal.

Im agrarischen Russland des ausgehenden 18. Jahrhunderts waren diese Reformen weniger ein ökonomisches Problem; vielmehr wurde Katharina der Geister, die sie gerufen hatte, nicht mehr Herr. Die Bildungsmaßnahmen, die sie ergriff, fruchteten in dem Sinne, dass in der Elite radikalere Forderungen artikuliert wurden, die sich weniger leicht besiegen ließen als der große Volksaufstand unter Jemeljan Pugatschow, der sich als falscher Zar Peter III. ausgab (1773–1775). Alexander Radischtschews Anklage in seinem Buch „Reise von Petersburg nach Moskau" war ein erstes schriftliches Denkmal dieser Opposition. Die französische Revolution sah sie denn auch als Gefahr, und St. Petersburg wurde gegen Ende des Jahrhunderts ein Zufluchtsort für französische Adlige, die vor den Revolutionswirren aus Frankreich flohen. Erbittert bekämpfte sie die „jakobinische Pest an der Weichsel", wie sie die polnischen Reformbemühungen um eine Verfassung bezeichnete, und stimmte vor diesem Hintergrund der dritten und kompletten Teilung Polens 1795 gerne zu.

## Die Stadt als Spiegel der Reformen

Katharina wies St. Petersburg nicht von Beginn ihrer Herrschaft an jene beispielhafte Funktion für die Fortentwicklung des Reiches zu, die es im Laufe ihrer Herrschaft bekommen sollte. Sie teilte jedoch grundsätzlich den Gedanken, den 1773 der französische Philosoph Diderot bei seinem Besuch in Petersburg geäußert hatte: „Der Hof legt die Gesetze für die Hauptstadt fest, die Hauptstadt legt ihrerseits die Gesetze für die Provinz fest. Sie muss, damit sie diese gesetzgeberische Funktion erfüllen kann, sehr dicht bevölkert sein und darf den Provinzstädten nicht gleichen. Die Nähe der Menschen verbindet sie; dadurch werden sie sanfter und gesitteter; so entstehen alle schönen Künste, die dann auf Dauer zur Stadt gehören werden." Wenn Reformen und Modernisierung des Reiches Erfolg versprachen, dann in jenem Fenster Europas, von dem Francesco Algarotti gesprochen hatte.

Doch zugleich erprobten alle Herrscher des Zarenreiches im 18. und 19. Jahrhundert, wie die Veränderungen des Reiches in der Fläche stattfinden könnten. Katharina bereiste das Land nach ihrer Thronbesteigung, darunter die baltischen Provinzen oder Kasan an der Wolga, 1787 die Ukraine und die Krim. Intensiv dachte sie darüber nach, was die Größe des Reiches für die praktische Politik bedeute. Insofern war Katharina II. ein weiterer Gedanke nicht fremd, den Diderot zur Hauptstadtfrage äußerte. Er versuchte, ihr eine Rückverlegung der Hauptstadt nach Moskau schmeichelnd nahezubringen: „Ihr, Eure Majestät, habt mir gesagt, dass Peter I. St. Petersburg Moskau gegenüber bevorzugte, dass er Moskau nicht mochte und der Meinung war, dass man ihn dort auch nicht mag. Diese Überlegung stimmt jedoch nicht für Katharina II.: Sie liebt alle ihre Kinder und all ihre Kinder lieben sie." Er bot aber auch eine rationale Begründung an: „Ein Land, in dem die Hauptstadt an den Rand des Staates verlagert wurde, ähnelt einem Tier, bei dem das Herz am Ende des kleinen Fingers liegt oder der Magen im großen Zeh." Katharina sah das Argument wohl und war eher bereit, ihm zu folgen als den Klagen von Hofgruppierungen, die St. Petersburg als Ort der „Sittenverderbnis" bezeichneten, den Hof für vulgär und die Modernisierung für Überfremdung hielten. Fürst Michail Schtscherbatow etwa sprach aus, was manche Vertreter der Elite wohl denken, aber kaum zu artikulieren wagten.

Der Ausbau der Hauptstadt an der Peripherie war immer auch eine Frage der Identitätsbildung für das ganze Reich. In St. Petersburg begannen sich im ausgehenden 18. Jahrhundert Anfänge eines Nationalgefühls in der Elite zu entwickeln. Katharina forcierte diese hauptstädtische Debatte, indem sie selbst in ihrer schriftstellerischen Tätigkeit einerseits intensiv die altrussischen Sitten verspottete, andererseits mit geschichtlichen Versatzstücken arbeitete, die die Leser und Zuschauer ihrer Traktate und Theaterstücke ganz bewusst mit Stolz auf die eigene Geschichte erfüllen sollten. Anders aber als bei der eigentlich als sehr russisch geltende Zarin Elisabeth galt ihre Sorge dem gesamten Reich. Doch glaubte sie zunächst nur in St. Petersburg ein Umfeld vorzufinden, wie es europäischem Hofleben und aufgeklärter, fortschrittsorientierter Kultur zieme. Es würden noch Hunderte von Jahren vergehen, bis die Hauptstadt wieder in Moskau angesiedelt werden könne, daher war ihre Antwort auf den Vorschlag Diderots: Moskau sei noch immer, wie zu den Zeiten Peters, voller Beharrung. Sie selbst hatte bei der baulichen Neugestaltung des Kreml und der Kremlumgebung in Moskau mit großem Widerstand zu kämpfen gehabt, als sie einen regelmäßigen Stadtplan als „gebaute Utopie" hatte verwirklichen wollen und schließlich nur Einzelbauten umsetzen konnte. In St. Petersburg existierte diese Utopie schon, und Katharina, hier ganz die Erbin Peters, wirkte auf seiner Baustelle weiter. So waren die in ihrer Zeit errichteten Waisen- und Findelhäuser in St. Petersburg erfolgreicher als in Moskau. Bevor Katharina 1786 im gesamten Reich ein locker gewebtes Schulsystem einzurichten begann, experimentierte sie in St. Petersburg mit unterschiedlichen Schultypen und mit der Lehrerausbildung, eben weil hier bereits ein Fundament durch Fachschulen, aber auch Schulen der unterschiedlichen Nationalitäten und Konfessionen (zum Beispiel der deutschsprachigen Annen- und Petrischule) und die Arbeit der Akademie der Wissenschaften gegeben war.

## Katharina II. über das Bauen

„Die Bauwut hat bei uns im Augenblick mehr denn je den Charakter einer Raserei angenommen ... Sie ist eine echte Krankheit, ähnlich wie die Trunksucht, und vielleicht auch eine Gewohnheit."

Bautätigkeit und Stadtentwicklung waren für Katharina Modernisierungsinstrumente. Die von ihr bereits 1762 eingesetzte „Kommission für die Neugestaltung St. Petersburgs und Moskaus durch Steinbauten", deren Zuständigkeit bald auf das ganze Imperium erweitert wurde, wirkte an der Newa am erfolgreichsten. Über Architektenwettbewerbe wurden Detailplanungen für einzelne Stadtteile vorgenommen, die das Konzept von Pjotr Jeropkin fortschrieben. Das System von Perspektiven und Radialen blieb weiterhin Grundlage; aber man entwickelte es in einem die Wettbewerbe zusammenfassenden Plan derart weiter, dass drei Funktionen der Stadt in den Mittelpunkt rückten: Die administrativ-soziale, die industriell-ökonomische und – natürlich – die repräsentative. Sehr viel stärker als zuvor dachten die an der Stadtplanung beteiligten Architekten darüber nach, wie sie Industrie und Handwerk in die städtische Expansion einbinden könnten. Zugleich suchte man der stetig wachsenden Verwaltung des Imperiums durch entsprechende Neubauten gerecht zu werden. Dass Katharina in ihrer Bautätigkeit in den Kategorien des Prestiges dachte, verstand sich von selbst, und der Adel tat es ihr gleich. Wenn Moskau ein gewachsener urbaner Organismus war, in den einzugreifen schwer fiel, so lieferte St. Petersburg die Blaupause für das Bauen im Imperium. Gouvernementshauptstädte, aber auch Städte, die im Zuge der katharinäischen Expansion überhaupt erst gegründet wurden, wie etwa Sewastopol, die Gründung Fürst Potjomkins auf der Krim bei Chersones, oder Odessa, das am Ende des 18. Jahrhunderts erblühende „St. Petersburg am Schwarzen Meer", orientierten sich in ihrer Architektur an der Hauptstadt. Fabrikstädte, Stimulus für Handel und Industrie, versuchte Katharina ebenso planvoll anzulegen, wie die Verwaltungs- und Handelszentren, ob im Süden des Reiches, im Ural und Sibirien oder im Kaukasusvorland. Immer war das, was das Fenster Europas an der Newa anbot, der Bezugspunkt.

## Vom Barock zum Klassizismus

Ein Grund, warum die Stadtplanung in der Epoche Katharinas II. nicht noch grundstürzender war, lag sicher in der Ressourcenfrage. Es wäre schlichtweg zu teuer gewesen, die Stadt mit einem völlig neuen infrastrukturellen Ansatz zu versehen. Zwar stiegen in der Zeit Katharinas die Steuereinnahmen enorm und auch die Leibeigenschaft als Strukturmerkmal von Gesellschaft und Wirtschaft erwies sich noch nicht als Entwicklungshemmnis – das sollte sich erst im 19. Jahrhundert ändern. Aber die Kriege und auch die Bautätigkeit erwiesen sich als äußerst kostenintensiv. So ging Repräsentation vor Neustrukturierung. In St. Petersburg selbst bemühte man sich vor allem, noch existente Baulücken entlang des Newski-Prospekts zu schließen, der eigentlich erst dadurch zur urbanen Flaniermeile wurde, die er bis in unsere Tage geblieben ist. Die Kommission für die Steinbauten wies das internationale Kollektiv der Baumeister und Architekten der Stadt an: „Beim Bauen von Häusern sind drei Prinzipien zu beachten: Solidität, Nützlichkeit und Schönheit; eine Stadt stellt im Großen genau dasselbe dar wie das Haus im Kleinen ...“ Es sollten „die Straßen breit und gerade und die Plätze groß [sein]. Bei allen Häusern einer Straße sollten die Fassaden die gleiche Fluchtlinie haben [...]“.

Die Richtlinie zeigt, wie schnell sich architektonische Moden ändern konnten. Im Moment des Herrschaftsantritts Katharinas war der Barock Rastrellis aus der Mode. Schon gegen Ende der Herrschaft Elisabeths kamen Architekten aus Italien, Frankreich und Deutschland in die Hauptstadt, die sich vom aufkommenden Klassizismus inspirieren ließen und russische Architekten, die sich insbesondere in der Stadtplanung engagierten, taten es ihnen nach. Das nach 1764 errichtete Gebäude der wenige Jahre zuvor gegründeten Akademie der Künste war bereits von regelmäßigen, auf überreichen Zierrat und Ornamentik verzichtenden Formen des Klassizismus geprägt. Der Franzose Vallin de la Mothe war hier beteiligt. Er war es auch, der den bereits im Bau befindlichen Kaufhof am Newski, den „Gostinnyi Dwor,“ in klassizistischem Stil neu plante. Die Tradition der teils offenen, teils überbauten Handelsreihen, in denen Kaufleute und Händler Waren des täglichen Bedarfs für die Stadtbevölkerung anboten, erhielt eine Gestalt, die der Hauptstadt angemessen schien: Die Reihen wurden zu einem zweigeschossigen quadratischen Bau, in dem sich die verschiedenen Branchen in kleine Geschäfte einmieten konnten: Es handelte sich um eine bis 1785 errichte moderne Einkaufspassage, die dem Prinzip gehorchte, dem derartige Einkaufsmeilen in den Metropolen dieser Welt überall folgten.

De la Mothes Bau diente ebenso der städtischen Infrastruktur wie seine Gestaltung des Stadtviertels „Neu-Holland": Dieser riesige Lagerplatz im Admiralitätsviertel war einerseits als Holzlager für die Werft der Admiralität von Bedeutung, die in der Ära Katharinas wieder mehr Aufträge bekam – immerhin war die russische Kriegflotte in der Lage, von der Ostsee ins Mittelmeer einzulaufen und in der Ägäis bei Tschesme einen Sieg gegen die Osmanen zu erringen. Andererseits wurden in Neu-Holland zunehmend auch Handelswaren gelagert. Der Architekt Sawwa Tschewakinskij plante die Gesamtanlage mit regulierten Lagerhäusern und -plätzen. De la Mothe steuerte die regelmäßigen Fassaden bei, so dass sich dieser Handels- und Arbeitsort in der Stadt harmonisch ins Zentrum einfügte. Unmittelbar mit dem Sieg bei Tschesme war im Übrigen die Errichtung der Tschesmekirche durch Juri P. Veldten verbunden, der in Deutschland studiert und im Architektenteam Rastrellis gearbeitet hatte: Es war eine regelrechte Märchenkirche, die in manchem die Mittelalterbegeisterung der Romantik vorwegnahm.

Die Kaiserin selbst ließ im Stadtbild noch heute markante Punkte errichten wie die kleine und die große Eremitage mit dem Eremitagetheater, die über Brücken mit dem Winterpalast verbunden wurden. Mit den Eremitagen legte sie den Grundstein für jene Kunstsammlung, die heute im gesamten Winterpalast zu sehen ist: Überall in Europa wies sie ihre Korrespondenten und Agenten an, Bilder und Skulpturen zu kaufen. Sie interessierte sich sowohl für damals zeitgenössische Kunst, als auch für die Niederländer und die Malerei der Renaissance. Nicht selten kauften ihre Gewährsmänner, ausgestattet mit einem entsprechenden Etat, anderen europäischen Herrschern die interessantesten Stücke vor der Nase weg. Zugleich war

Katharina der Auffassung, dass ihre Sammlung nicht nur „von den Mäusen" angeschaut werden sollte, und ließ daher dem Adel gelegentliche Ausstellungen mit Neuankäufen präsentieren: In gewisser Weise ahnt man hier bereits etwas von der Bildungsfunktion öffentlicher Museen. Sie baute wie alle russischen Herrscher am Winterpalast weiter, wobei es ihr vorwiegend um den Innenausbau ging. Das Eremitage-Theater, dessen aus Bergamo stammender Erbauer Giacomo Quarenghi einer der großen Architekten des katharinäischen St. Petersburgs wurde, hatte das Teatro Olympico in Vicenza zum Vorbild und stellte die zeitgenössische Repräsentation eines Amphitheaters dar. Katharina, selbst Autorin von Theaterstücken und anderen Werken, hatte damit ihre hauseigene Bühne. Regelmäßig führten nun eigene Opern- und Ballettensembles Stücke auf, die zunächst in italienischer Tradition präsentiert wurden. Aber schon bald ließ die Kaiserin Inszenierungen geben, die die Reichsidentität befestigen sollten, etwa Ippolit Bogdanowitschs „Die Slaven".

Die Kaiserin befahl vor allem aber auch, in der Stadt mehrere Palais für ihre Favoriten zu errichten: Die beiden bedeutendsten waren zum einen der am Palastkai der Newa gelegene Marmorpalast, den der Italiener Antonio Rinaldi geplant hatte. Sie ließ diesen strengen, aus kostbarsten Materialien bestehenden Bau für Grigori Orlow errichten, ihren Favoriten und Wegbegleiter in der Zeit des Staatsstreiches, der allerdings dessen Fertigstellung im Jahre 1785 nicht mehr erlebte. Zum anderen war es das Taurische Palais, welches sie Fürst Grigori Potjomkin schenkte. Potjomkin, zum Fürst von Taurien erhobener Spiritus Rector der Südexpansion blieb bis zu seinem Tode 1791, als er den Favoritenstatus bereits an Jüngere abgegeben hatte, der wohl bedeutendste russische Staatsmann und Feldherr des Reiches, obwohl seine Position bei Hofe unterschiedlich beurteilt wurde. Dass Katharinas Sohn und Nachfolger, Zar Paul I., zeitweise seine Pferde im Palais unterstellte, war freilich die späte Rache des zurückgesetzten Sohnes.

Das Taurische Palais ist einer jener Palastbauten, denen nicht nur eine mehr oder weniger private Wohnfunktion zukam. Nach 1905 war es Sitz des ersten russischen Parlaments, der

Duma, und im Januar 1918 trat hier nach dem Sturz der Romanows die verfassungsgebende Versammlung zusammen, die Russlands alternativen Weg in eine Demokratie hätte weisen können, von Lenin jedoch kurzerhand mit Hilfe der Roten Garden aufgelöst wurde. In jedem Fall entstand in St. Petersburg unter der Leitung Iwan Starows und des englischen Gartenarchitekten William Gould ein Meisterstück des Klassizismus und der modernen englischen Landschaftsarchitektur.

Katharina schenkte dem Ausbau eines Ringes von Sommerresidenzen um die Hauptstadt große Aufmerksamkeit: Zarskoje Selo, dessen Anlage sie mit einer riesigen Tschesmesäule verzieren und durch Quarenghis Alexanderpalast erweitern ließ, das Schloss von Gatschina sowie Oranienbaum, wo eine Chinoiserie und eine riesige Rutschbahn gebaut wurden, wären hier zu nennen. Für Paul und seine Gattin Maria Fjodorowna wurde in Pawlowsk von 1782 bis 1786 ein Palast errichtet, der die Funktion des „kleinen Hofes" übernahm. Hauptarchitekt war der Schotte Charles Cameron. Vincenzo Brenna dekorierte die Repräsentationssäle und die Gemächer und war zugleich Architekt des Parks. Der Palast brannte einmal ab, wurde aber zu Beginn des 19. Jahrhunderts durch den Architekten Andrei Woronichin wieder hergestellt. Der Park mit einer Ausdehnung von 600 Hektar wurde ein Landschaftskunstwerk von Weltrang.

Anders als in der Zeit Elisabeths standen jedoch auch Funktionsbauten im Mittelpunkt der Bautätigkeit. Quarenghis klassizistischer Bau der Assignatenbank – in der Epoche Katharinas wurde im Reich erstmals Papiergeld zur Sicherstellung des Geldumlaufs ausgegeben – gehörte ebenso zu diesem Bauprogramm wie die Hospitäler, Findel- und Waisenhäuser und repräsentativen Bildungsinstitutionen, etwa die erwähnte Akademie der Künste oder das ebenfalls auf Quarenghi zurückgehende Gebäude der Akademie der Wissenschaften, das noch heute am Newa-Ufer auf der Wassili-Insel zu bewundern ist.

Das von Katharina in Auftrag gegebene Standbild Peters I., der „Eherne Reiter", ist zum Symbol der Stadt geworden. Die Widmung auf dem „Donnerstein" war Programm: „Peter dem Ersten, Katharina die Zweite".

52

PETRO PRIMO
CATHARINA SECUNDA
MDCCLXXXII

Eine grundsätzliche Verbesserung der Infrastruktur der Stadt bedeutete die steinerne Einfassung der Ufer. Juri Veldten beispielsweise leitete die Graniteinfassung der Newa, die Befestigung von Fontanka und Moika sollte bald folgen. Brücken über die beiden Letzteren sollten zum Fließen des Verkehrs beitragen. Und schließlich begann man mit dem Katharinenkanal und dem Obwodnyi- (Umleitungs-)Kanal die Trocknung des Bauuntergrundes voranzutreiben, in der Hoffnung, das feuchte städtische Klima verbessern zu können.

## Der Eherne Reiter

Katharina strebte danach, sich auch im Stadtbild als legitime Herrscherin und vor allem als Nachfolgerin Peters des Großen zu zeigen und damit letztlich sich selbst ein Denkmal zu setzen. Schon Carlo Rastrelli hatte ein Standbild Peters des Großen angefertigt, das der Zarin freilich zu klein dimensioniert erschien, um Person und Werk angemessen zu würdigen. Sie gab mehrere Entwürfe in Auftrag, ehe sie schließlich Étienne Maurice Falconet, einem seit 1766 in St. Petersburg wirkenden Bildhauer, befahl, an einem zentralen Platz an der Newa – heute eingerahmt von Admiralität, dem Gebäude des Synods und der Isaak-Kathedrale – dem Gründer St. Petersburgs ein Standbild zu errichten, das die Traditionslinie verdeutlichen sollte: Hoch erhebt sich auf einem einzigen wuchtigen Granitfelsen, dem so genannten „Donnerstein", Peter der Große zu Pferde. Dieser Felsblock war mit großem Aufwand aus Karelien 22 Kilometer auf Rollen in die Hauptstadt transportiert worden.

Das von Falconet gestaltete Pferd, das auf seinen Hinterhufen steht, zertrat eine Schlange. Mit der Ausarbeitung des Kopfes hatte Falconet jedoch Probleme. So überließ er es der Bildhauerin Marie-Anne Collot, den Kopf des Denkmals zu gestalten. „Petro primo – Catharina secunda" – „Peter dem Ersten – Katharina die Zweite" lautete die programmatische Inschrift, die die Kaiserin auswählte. 1782 wurde das Standbild in einer aufwändigen Feier in Katharinas Beisein enthüllt.

Das kleine Standbild Rastrellis freilich sollte später auch seinen Platz finden – gewissermaßen als Gegenprogramm: Paul 1., als Thronfolger unter seiner Mutter marginalisiert, ließ es vor dem

Die Enthüllung des Denkmals von Etienne Maurice Falconet ließ Katharina 1782 als imposantes Schauspiel und politische Demonstration ausgestalten. – Stich von A. K. Melnikov nach A. P. Davydov.

Michailsschloss an der Fontanka aufstellen. „Der Urenkel dem Urgroßvater" lautete seine die Traditionslinie anzeigende Inschrift. Vergleicht man die Strahlkraft und den Standort des Peter-Denkmals an der Newa mit dem an der Fontanka, wird der Stellenwert der Herrschaft Katharinas im Vergleich zu der ihres Sohns Paul deutlich.

## Die Bewohner der Stadt

Beim Tode Katharinas II. war St. Petersburg eine europäische Metropole mit etwa 200 000 Einwohnern. Sie war Residenz, Verwaltungs- und Handelszentrum, Militärgarnison und Hafen. Die Stadt war ein pulsierender Organismus, der nicht nur aus dem Hof und der großen Politik bestand. Die Beamten gingen ihren Verwaltungtätigkeiten nach; regelmäßig wurde auf dem

Marsfeld, jener sumpfigen Wiese, die sich im Laufe des 18. Jahrhunderts zum staubigen Paradeplatz wandelte, aufmarschiert. Der Adel organisierte sich in Klubs und Salons. Hier entstand nicht nur Hofdichtung, für die etwa Gawriil Derschawin stand, sondern ein breites Fundament russischer Literatur. Eine eigene „Russische Akademie" unter Jekaterina Daschkowa förderte diese Ansätze und trug zur Normierung der russischen Sprache bei. Langfristig waren Peters Assembleen somit auf fruchtbaren Boden gefallen.

St. Petersburg war eine internationale Stadt. Niederländer und Engländer, Deutsche und Skandinavier stimulierten den Fernhandel. Finnen waren als Handwerker und andere technische Spezialisten allgegenwärtig. Deutsche aus den baltischen Provinzen, jenem – in der Formulierung Katharinas – „Reservoir tüchtiger Menschen", zog es an die Newa. Sie alle trugen zur Verwaltung des Reiches bei, dienten bei Hofe, im diplomatischen Dienst oder im Militär. Mit einem „Ausländeranteil" von etwa 20 % am Ende des 18. Jahrhunderts war St. Petersburg sicher die multikonfessionellste und multiethnischste Stadt des Reiches. Am Newski-Prospekt liegen noch heute die lutherische Petrikirche, die katholische Katharinenkirche und die armenische Kirche in enger Nachbarschaft.

Freilich war das Maß an Integration in die hauptstädtische Gesellschaft unterschiedlich. Die Deutschen fügten sich entlang der Ständeordnung am ehesten in die russische Gesellschaft ein. Manche russisch-deutsche Ehe wurde geschlossen. Vielen Namen hörte man die deutsche Abkunft noch an. Da eine Integration zudem auch erhebliche ökonomische Vorteile brachte – zum Beispiel die Berechtigung, im innerrussischen Handel tätig zu werden –, gingen viele deutschstämmige Kaufleute und Händler Petersburgs diesen Weg und wurden Staatsbürger des Zarenreiches. Französische Adlige, die vor den Revolutionswirren geflohen waren, brauchten sich um Integration kaum zu bemühen: In den adligen Salons wurde zumeist ohnehin Französisch gesprochen. Manche Zeitkritiker, wie die Fürstin Daschkowa, monierten, dass der russische Adel kaum noch Russisch sprach, geschweige denn zu schreiben vermochte. Und mancher Franzose, der sich in einem Adelspalais als Erzieher verdingte, sei, so der Spott, in Paris nicht Adelserzieher, sondern Kutscher gewesen. Die Briten in der Stadt, die über eine herausragende Stellung im Außenhandel verfügten, blieben hingegen meist für sich und bildeten ein geschlossenes Londoner Gesellschaftsleben im Kleinen ab.

Die Elite flanierte um 1800 an den in Stein gefassten Ufern von Newa, Fontanka und Moika, ließ sich auf Kutschen über die hölzernen Pontonbrücken der Stadt fahren oder auf Fährkähnen und eigenen Schiffen übersetzen. Sie eilte in Restaurants, Cafés und ins Theater, und stets waren die Männer infolge der Rangtabelle Peters an den Uniformen erkennbar. Normierte Anreden regelten das für alle erkennbare „Oben" und „Unten" in der Stadt und im Reich.

Die Elite prägte das äußere Leben in der Stadt. Nicht alle waren so reich wie die Scheremetjews, die neben demjenigen an der Fontanka noch weitere Paläste innerhalb und außerhalb der Stadt besaßen. Nur wenige hielten sich einen derart aufwändigen Hof wie Pjotr Scheremetjew, der alle Palastrevolutionen überlebte und allen drei Zarinnen Anna, Elisabeth und Katharina diente. Seine 200 000 Leibeigenen sicherten seine Einkünfte aus Landwirtschaft und Manufakturwesen. Aus ihnen rekrutierte er Künstler, Musiker und Architekten, Köche und Handwerker, Dienstboten und Ammen. Was immer sie auch leisteten und wie spezialisiert ihre Qualifikation auch war, sie blieben leibeigen. Bei weitem nicht alle Adligen besaßen einen solchen Reichtum wie die Scheretmetjews. Mit dem Leben in St. Petersburg, den wechselnden Moden und dem verfeinerten Geschmack musste der Adlige mithalten können, und mancher verschuldete sich maßlos. Es gehörte zum „way of life" verschwenderisch zu leben, ebensolche Feste zu feiern und ein offenes Haus zu führen. Von den Scheremetjews wird wiederum überliefert, dass sie mit ihren rund 340 Bediensteten im „Fontänenhaus" jeden Mittag etwa 50 Gäste verköstigten, von denen sie nicht einmal alle mit Namen kannten. Freilich, die Scheremetjews waren die reichste Familie nach der Kaiserfamilie der Romanows. Aber auch in den Palais der Stroganows, der Woronzows, der Saltykows oder der Jussupows sorgten 100 bis 200 Bedienstete für das Wohl der Herren und Herrinnen.

Dienst bei Hofe, in Verwaltung und vor allem im Militär sicherte den weniger begüterten Adligen zumindest bescheidene Einkünfte. So prägte auch das Militär das Stadtbild. Es wurde an der Wende vom 18. zum 19. Jahrhundert erst langsam kaserniert, zuvor je nach Anlass und Zahl kurzerhand auch in adlige Häuser einquartiert. Um das Marsfeld herum entstanden Militärquartiere und Stallungen für die kaiserlichen Garden.

Für ein Imperium der Größe Russlands war die Verwaltung des Reiches im ausgehenden 18. Jahrhundert klein. Katharina sah, dass auch hier Professionalisierung nottat, und die von ihr eingerichteten Schulen sollten nicht zuletzt der Ausbildung tüchtiger Staatsbeamter dienen. In den zentralen Behörden arbeiteten wenige tausend Beamte, die hofften, einen Rang erhalten und damit adlig werden zu können, was jedoch nur selten gelang. Die Beamten St. Petersburgs waren, gemessen an den gewaltigen Lebenshaltungskosten in der Stadt, unterbezahlt.

Die Stadt war aufgrund ihrer naturräumlichen Lage auf Nahrungsmittelzufuhren aus weit entlegenen Gegenden angewiesen. Das Petersburger Umland genügte mit seinen eingeschränkten landwirtschaftlichen Möglichkeiten den Bedürfnissen der Stadt nicht. Der Adel verlangte Südfrüchte, Burgunderweine oder Kaviar, alle Bewohner benötigten Getreide und Fleisch in ausreichendem Maße. All dies musste über die Ostsee und die innerrussischen Flusssysteme herangeführt werden.

Bis in die Epoche Katharinas II. hinein blieb die Frage ungeklärt, wer für welche Bereiche in der Stadtverwaltung zuständig war. St. Petersburg hatte eine städtische Administration, es war Sitz eines Generalgouverneurs für die Provinz und schließlich war es Hauptstadt des Reiches. Kompetenzgerangel und ebenso oft Streit ums Geld waren die Folge. Die Einnahmen des Zolls waren für die Schatzkammer des Reiches bestimmt, aber die Aufrechterhaltung der Hafeninfrastruktur oblag weitgehend der Stadt. In dieser verschränkten Situation blühten Korruption und Bereicherung, denen auch die Herrscherinnen nicht beikommen konnten. Dieser grundsätzliche Konflikt sollte auch durch die Verwaltungsreformen Katharinas kaum gelöst werden. In St. Petersburg fielen die Probleme „Reich" und „Stadt" mit den Problemen einer Metropole zusammen.

Wohnraum in St. Petersburg war von Beginn an knapp. Derjenige, der bereits in den Tagen Peters I. Grund zugewiesen bekommen hatte, konnte sich glücklich schätzen: Die Grundstücke wuchsen in die Stadt ein; Wohnhäuser konnten ganz oder in Teilen gewinnbringend vermietet werden. Freilich konnten dies nur Adlige und Kaufleute der von Peter eingerichteten Gilden, denen der Grundbesitz in der Stadt erlaubt war. Die wohlhabenden Kaufleute trachteten im Übrigen auch danach, Leibeigene besitzen zu dürfen. Der Petersburger Kaufmann Boris Strugwoschtschikow wurde 1765 als Titularrat zum Adligen und wollte umgehend Bauern kaufen. Als ihm das Kommerzkollegium dieses Ansinnen verweigerte, forderte er eine Klarstellung, ob er denn nun Adliger sei oder nicht. Das Kommerzkollegium verwies ihn kurzerhand wieder in den Kaufmannsstand zurück. Soziale Mobilität nach oben gelang mithin nur selten.

Neben einer Topografie der Macht bildete sich auch eine Topografie des Handels aus, die nur partiell im Zentrum zu finden war: Während die Assignatenbank an der Gartenstraße und auch die erste Börse an der Spitze der Wassili-Insel ihren Ort erhalten sollten, waren Handels- und Lagerplätze eher am Rand der damaligen Stadt zu finden: In der Nähe des Alexander Newski-Klosters lag der große Umschlag- und Handelsplatz für Getreide, das aus dem Inneren Russlands kam, auf Lagerplätzen an der Kleinen Newa wurden Fisch und Hanf gehandelt. Es gab dezentrale Umschlagplätze für Öl und Fleisch. Auf der Admiralitätswerft waren auch die großen Lager für Marmor, der aus dem Ausland oder dem Ural zum Bauen in die Stadt gebracht wurde. Selbst der Kalksandstein musste von weither herangeführt werden und wurde in der Stadt zum Gegenstand kaufmännischer Spekulation.

Die Stadtbürgerschaft war unter Peter I. und Katharina II. neu gefasst worden: Die Organisation in Gilden und der neu geschaffene Status der angesehenen Stadtbürger wurde nach Steueraufkommen vorgenommen. Die vergleichsweise hohe Fluktuation zwischen den Gilden der Kaufmannschaft wurde im 18. Jahrhundert regelmäßig aufgezeichnet und dokumentiert. Dies bedeutete nichts anderes, als dass wirtschaftlicher

Erfolg und Misserfolg dicht beieinander lagen. Am Ende des 18. Jahrhunderts hatten sich die Gilden in ihrer Zusammensetzung stabilisiert und bildeten die Grundlage für eine sich entwickelnde Kaufmannschaft in der Stadt, die auch für Ausländer attraktiv war: Die so genannten „Gäste" begannen sich naturalisieren zu lassen.

Das Handwerk entwickelte sich zum Zulieferer für die Manufakturen und hatte eine wichtige Funktion, um den Bedarf der Elite an gehobenen Bedürfnissen zu decken. Schneider, Bäcker, zunehmend auch Zucker- und Feinbäcker sowie Schlachter entwickelten sich zum Ende des 18. Jahrhunderts zu kleineren Unternehmern, die sich hoch spezialisiert hatten und als Hoflieferanten mehrere Angestellte besaßen. Allerdings mussten sie mit ihren Produkten gegen die Importlust und Gallomanie des Adels ankämpfen, der dazu neigte, selbst Produkte des täglichen Bedarfs aus Westeuropa zu ordern.

Unweit des unter Katharina begonnen Obwodnyi-Kanals, in den Vororten der Stadt, lagen die wild wachsenden Viertel der „kleinen" Leute. Auch im Norden, auf der Petersburger Seite, entwickelten sich Armenquartiere. Brachen Seuchen aus, waren diese Gegenden besonders stark betroffen. Trotz mancher „Hygiene"-Maßnahmen und der spektakulären in der Stadt durchgeführten Pocken-Impfung Katharinas II. durch den britischen Arzt Thomas Dimsdale 1768 änderte sich an den schlechter werdenden Lebensbedingungen wenig. Zugleich begegnete man den Unterschichten auch im Zentrum: Sie schliefen in Hauseingängen, kampierten in ihren Kutschen und Fuhrwerken. Nicht zuletzt siedelten sie sich um die Werften und großen Manufakturen an, die es in der Stadt in zunehmendem Maß gab. Zählte man 1745 in St. Petersburg 21 private Manufakturen, waren es am Ende des 18. Jahrhunderts bereits 95, die als Motoren der Protoindustrialisierung wirkten. Anders als bei den Manufakturen auf dem Land, wo sich auch der Adel als Unternehmer betätigte, waren es hier vor allem die Kaufleute, denen die Fabriken gehörten. Dort arbeiteten leibeigene Bauern, die einen überragenden Teil des Lohnes an ihren Besitzer abführten, aber auch gemietete Sträflinge und Tagelöhner. Die Arbeiterschaft in den Manufakturen trug insgesamt bäuerlichen Charakter. Nicht selten lebten sie nur zeitweise in der Stadt und strebten zu Aussaat und Ernte wieder in die Dörfer, ein Phänomen, das bis zum Ende des Zarenreiches in mancher Hinsicht für die Industrie Gültigkeit behalten sollte. Diejenigen, die in die Stadt kamen, erhielten oft nur einen Pass für die Dauer ihres Arbeitsaufenthaltes. Zudem wurden auch ausländische Fachkräfte als Vorarbeiter und Meister angeworben. In der 1717 in Peterhof gegründeten Gobelin-Manufaktur arbeiteten beispielsweise von Beginn an elf französische Fachleute neben den russischen, wesentlich schlechter entlohnten Kräften.

Insgesamt war St. Petersburg im ausgehenden 18. Jahrhundert eine Stadt der Männer: Für das Jahr 1792 gab das Akademiemitglied Johann Gottlieb Georgi in seiner berühmten Beschreibung St. Petersburgs die Zahl von 137 440 Männern und 66 115 Frauen an. Nicht zuletzt die bäuerlichen Arbeiter und die Soldaten ließen, wenn sie in die Hauptstadt des Reiches aufbrachen, ihre Frauen und Familien in der Heimat zurück.

## Abbé Georgel, Reise nach St. Petersburg in den Jahren 1799–1818

„St. Petersburg ist unter den Nachfolgern Peters des Großen noch prachtvoller geworden. Die staatlichen, auf Granitsockeln gebauten Häuser spiegeln den ganzen Reichtum alter und moderner Architektur wider. Überall sind prunkvolle Palais und prächtige Wohnhäuser entstanden. Die in Granit gefassten Ufer entlang der Newa und der Kanäle Moika, Katharina, Sankt Nikolaus mit ihren Trottoirs für die Fußgänger bilden eine Einheit und machen St. Petersburg zu einer der schönsten Städte der Welt."

# St. Petersburg im 19. Jahrhundert

## Der unglückliche Zar

„Wir besitzen keine ausführlichen und genauen Informationen über Einzelheiten der Bauten des Zarenschlosses Sankt Michael. Alle Auskünfte, die wir vor Ort wiederholt in Auftrag gaben, haben uns nie erreicht ... Diese Zarenresidenz ist weniger wegen ihres schönen und geschmackvollen Baustils bekannt als wegen des schrecklichen Unglücks, dessen Opfer Paul I. wurde." (Charles Percier und Pierre Fontaine, Residenzen der Fürsten, Paris 1833)

Paul I. strebte 1796 nach dem Tod Katharinas II. in den wenig mehr als vier Jahren seiner Herrschaft einen grundlegenden Bruch mit der Politik seiner Mutter an. Durch eine Reihe von Maßnahmen, die er zurücknahm, desavouierte er das Andenken an seine populäre Vorgängerin. In gewisser Weise stellte er sie als Usurpatorin und Mörderin seines Vaters Peter III. bloß. Alle Günstlinge der Mutter entließ er, teils verbannte er sie ins Ausland. Gewichtig für das Leben in der Stadt war, dass er als ein Gegner der Gallomanie und der französischen Mode eine bestimmte Kleidung ablehnte, die ihm als frivol oder revolutionär galt. Für St. Petersburg verhängte er Ausgangssperren, untersagte Lustbarkeiten und versuchte, wie Zeitgenossen meinten, das Zarenreich in einen Kasernenhof zu verwandeln.

Dies bedeutete nicht, dass er keine aktive Politik betrieben hätte. Zwar straffte er die Zensur, doch begrenzte er die Frondienste der Bauern, was unter diesen das Gerücht aufkommen ließ, die Aufhebung der Leibeigenschaft stünde bevor. Damit brachte er den Adel gegen sich auf. Entscheidend für eine konzertierte Aktion gegen Paul I. war jedoch wohl seine Außenpolitik. Dass er offen mit dem Katholizismus sympathisierte und sich gar zum Protektor des Malteserordens aufschwang, empfand man als bedrohlich. Dies rief russisch-nationale Kreise auf den Plan. Die gemäßigte Opposition brachte er mit seinem letzten außenpolitischen Abenteuer gegen sich auf, als er eine

Das Michael-Schloss sollte den Zaren Paul vor seinen Feinden schützen und wurde doch 1801 der Ort seines gewaltsamen Todes.

Armee in Gang setzte, die auf einem langen Marsch Indien erobern sollte. In diesem Moment kündigte selbst der Thronfolger Alexander seinem Vater die Gefolgschaft auf. Es regierte die Angst vor einer unsteten, unberechenbaren Politik eines Herrschers, der in Abarbeitung der tiefen psychischen Verletzungen, die ihm in seiner Kindheit zugefügt worden waren, nun den Verstand zu verlieren drohte.

Pauls I. bedeutendstes Bauvorhaben war aus Angst vor seiner Umgebung geboren. Er fühlte sich im Winterpalast sichtlich unwohl und ließ daher in großer Eile seit Februar 1797 ein festungsartiges Schloss bauen, das den Namen des Erzengels Michael erhalten sollte. Die Arbeiten wurden nicht einmal nachts unterbrochen. Beim Licht von Fackeln und Laternen beeilten sich die Arbeiter, den oktagonalen Bau zu vollenden. Der Plan des Gebäudes, das sich kaum Stilen oder Epochen zuordnen lässt, stammte von Wassili Baschenow, Victor Brenna und Carlo Rossi. Das Schloss machte einen ebenso wehrhaften wie herrschaftlichen Eindruck. Es sollte Paul jedoch nicht schützen.

Graf Pahlen, der Generalgouverneur von St. Petersburg – von Paul selbst in dieses hohe Amt geholt –, General Bennigsen, ein Gardekommandeur, und Platon Zubow, der letzte

Favorit der Kaiserin Katharina, legten fest, dass Paul im März 1801 im Michael-Schloss zur Abdankung und zur Übertragung der Regentschaft an Alexander gezwungen werden sollte. Auch der Thronfolger Alexander machte mit den Verschwörern gemeinsame Sache, unter der Bedingung, dass seinem Vater nichts geschehe. Auf die Frage Alexanders, was passiere, wenn sich sein Vater wehre, schwiegen die Verschwörer.

In der fraglichen Nacht hatte man die Wachen der Garderegimenter bestochen, so dass 60 Verschwörer, alle hochadliger Herkunft, in das Innere des Palastes gelangten. Einige von ihnen drangen schließlich in die Schlafgemächer Pauls I. vor. Dieser lehnte es ab, der Herrschaft zugunsten seines Sohnes zu entsagen und wurde ermordet. Ihn ereilte damit das Schicksal seines Vaters Peter III. Der Thronfolger Alexander ritt Minuten später in den Hof des Michael-Schlosses ein, wo ihm die Garde bereits huldigte. Als ihm Graf Pahlen die Nachricht vom Tode seines Vaters überbrachte, drohte Alexander die Fassung zu verlieren, und nur der Zuruf Pahlens, er solle sich nicht kindisch verhalten, sondern regieren, bewirkte, dass Alexander sich zusammenriss.

Die Reaktion der St. Petersburger schien den Konspiratoren Recht zu geben. Auf den Straßen brach noch in der gleichen Nacht Freudentaumel und Tanz aus. Der Schriftsteller und Historiograf Nikolai Karamzin schrieb, ihm sei es in dieser Nacht leichter geworden zu atmen.

Nach dem gewaltsamen Tod Pauls mochte so recht kein Mitglied der Romanow-Dynastie mehr im Michael-Schloss wohnen. So zog dort im 19. Jahrhundert eine Ingenieurs-Schule ein, die auch Fjodor Dostojewski besuchte, der sich später an die Kasernenatmosphäre des Ortes erinnerte. Das an Palastrevolutionen so reiche 18. Jahrhundert war damit zu Ende gegangen und die Erwartungen der Hauptstädter an den neuen Zaren waren groß.

## St. Petersburg als Hauptstadt Europas

Nach dem Tode Pauls I. änderte sich das Klima in der Gesellschaft schlagartig: Es begann eine Blüte der Petersburger Salonkultur. Durch die Revolutionswirren in Frankreich wurde die

Stadt Anziehungspunkt nicht nur französischer Exiladliger, sondern auch Zentrum europäisch-politischer Aktivitäten. Der Aufstieg Napoleons und die Verbindungen des russischen Herrscherhauses mit Dynastien des untergehenden Deutschen Reichs ließen Russland neben England zum einzigen vom napoleonischen Frankreich unabhängigen Machtzentrum werden, nachdem der Habsburger Kaiser und vor allem Preußen schwere Niederlagen erlitten hatten.

Dabei war zu Beginn der Herrschaft Alexanders I. die Begeisterung für Napoleon durchaus vorhanden. Der Anfang von Leo Tolstojs großem Roman „Krieg und Frieden" ist hier illustrativ: Auf einer Soiree bei einer der Figuren, Anna Pawlowna Scherer, parliert die ganze Gesellschaft auf Französisch über die Vorzüge Napoleons und seines Reformwerks. Aber ebenso, wie sich im Verlauf des Romans in Anbetracht der Herausforderung Napoleons die Akteure russischen Traditionen zuwenden, erfuhr auch die russische Politik eine antinapoleonische und zugleich antireformerische Wendung.

Zunächst schien Alexander I. den Erwartungen nachkommen zu wollen. Erzogen von dem Schweizer Frederik LaHarpe, bekannte er seinem Jugendfreund, dem polnischen Fürsten Adam Jerzy Czartoryski, im Herzen sei er ein Republikaner. Als er den Thron bestieg, hatte ihn die Realpolitik freilich bald wieder eingeholt. Doch schien er den Weg der Reformen, den seine Großmutter Katharina II. gegangen war, aufnehmen zu wollen, ohne dem Schreckgespenst der Revolution entgegenzuarbeiten.

Die ersten Jahre der Herrschaft Alexanders I. mündeten also in kleinteiligere Reformen. Die Lage der Bauern sollte langfristig verbessert werden. An die Stelle der petrinischen Kollegien traten moderne Fachministerien, etwa für Finanzen, Krieg, Justiz aber auch Bildung, die jeweils noch mit einem kleinen Beamtenapparat auskamen. Die Minister empfingen gleichsam in ihrem Petersburger Salon. Hier, im Herrenzimmer des Palastes des neuen Bildungsministers Pjotr Sawadowski, wurde durch die Berater Alexanders wohl dessen bedeutendstes Reformprojekt konzipiert. Die Zahl der Universitäten im Reich sollte wachsen: Neben Moskau wurden in den Jahren 1803/04 Kasan, Charkow, Wilna und Dorpat zu Universitätsstädten. In St. Petersburg wurde hingegen erst 1819 eine Universität gegründet. Es war vor allem der Widerstand der ehrwürdigen Akademie der Wissenschaften, bei deren Gründung ja auch eine zugehörige, aber nie florierende Universität eingerichtet worden war, der die Eröffnung verzögerte. Die Universität sollte ihr Quartier auf der Wassili-Insel beziehen. Zudem sah die Reform die Einrichtung von Gymnasien und Kreisschulen vor. St. Petersburg erhielt eine Reihe von Gymnasien, die vor allem für den Adel attraktiv waren und den zahlreichen in der Stadt entstandenen Pensionen für adlige Jungen und Mädchen Konkurrenz machten. Auch die Schulen, die an den lutherischen und katholischen Gemeinden wie etwa der Petri-Kirche auf dem Newski angesiedelt waren, erhielten den Status eines Gymnasiums.

In dieser Atmosphäre der Reform und des Aufbruchs wurde am 16. Mai 1803 das hundertjährige Jubiläum der Stadt gefeiert. Die Festivitäten waren ganz auf den Herrscher ausgerichtet, während die Bewohner der Stadt Zuschauer, aber keine Akteure waren. Nach einem Gottesdienst nahm die kaiserliche Familie neben dem „Ehernen Reiter" Falconets, also neben dem Standbild des Stadtgründers, Flottillenparaden und Salutschüsse auf der Newa ab. Ein Holzboot, auf dem Peter I. selbst das Seehandwerk geübt hatte, wurde als „Großvater der russischen Flotte" ausgestellt. Nachdem sich der Zar wieder in den Winterpalast zurückgezogen hatte, empfing der Innenminister als derjenige, der für die Ordnung in der Stadt zuständig war, eine Deputation von Stadtbürgern und nahm die Glückwünsche der Petersburger an Alexander I. entgegen. Die Distanz zwischen den Herrschern und den Petersburgern wurde deutlich.

Bereits zu dieser Zeit war erkennbar, dass der Reformschwung Alexanders erlahmte. Der Zar investierte seine Energie vor allem in die europäische Diplomatie. Die zentrale Herausforderung in diesen Jahren stellte Napoleon dar, und der Zar wurde bis zu dessen Sturz zu seinem Antipode. Beide verständigten sich über die Aufteilung Kontinentaleuropas im Frieden von Tilsit 1807. Wenig später gelang Alexander I. in einem kurzen Krieg gegen Schweden eine Absicherung der peripheren Position seiner Hauptstadt St. Petersburg: Die Erwerbung des Großfürstentums Finnland 1809, das in Personalunion mit Russland verbunden wurde, eröffnete der Stadt ein weiteres, auch für den Handel interessantes Hinterland. In diesen Jahren wurde zugleich auch deutlich, dass sich Napoleon und Alexander zum „Showdown" rüsteten. Während sich Napoleon 1804 selbst zum Kaiser der Franzosen gekrönt hatte, war der Kaiser von Russland in diesen Jahren immer stärker vom Gottesgnadentum seiner Herrschaft und seiner Mission, Europa vor einem Usurpator retten zu müssen, überzeugt. Und so sank auch in den Petersburger Salons die Begeisterung für Napoleon.

Michail Speranski, ein enger Berater Alexanders, spürte dies am eigenen Leib. Als Sohn eines Dorfgeistlichen hatte er in St. Petersburg einen rasanten Aufstieg erlebt und bereitete ein Gesetzbuch vor, das nicht weniger als die Übernahme des Code Napoleon, der bürgerlichen Gesetzbuches mit der Garantie der auch heute noch wesentlichen Grundrechte, bedeutet hätte. Speranski zeigte mögliche Entwicklungswege Russlands auf: Entweder die Selbstherrschaft der Zaren, und damit eine ungeschmälerte Fortdauer der Autokratie. Die Folge wäre der dauernde Einsatz repressiver Gewalt, um den Staat zusammenzuhalten. Oder Russland bekäme eine Verfassung. Für die zweite Variante war das politische Klima jedoch denkbar schlecht. Seit Tilsit war die Macht Napoleons an die russischen Grenzen herangerückt. Speranski stürzte, weil die Petersburger Gesellschaft die guten Ideen nicht von der machtpolitischen Großwetterlage zu trennen vermochte, und musste in die Verbannung gehen. Damit war aber gleichsam eine Grundsatzentscheidung gefallen: Russland blieb eine Autokratie und St. Petersburg die Hauptstadt eines Imperiums, das seinen Untertanen keine auch nur eingeschränkte Beteiligung an der politischen Gewalt zugestand.

Napoleon setzte, als er 1811 den Beschluss fasste, Russland anzugreifen, darauf, dass er wie in anderen Ländern auch auf eine große Gruppe von Unzufriedenen setzen könnte, die seinen Einmarsch begrüßen würden. Zugleich entschied er sich, nicht den „Kopf" Russlands, St. Petersburg, sondern das „Herz", nämlich Moskau, zum Ziel des Feldzuges der Grande Armee zu machen. In beiden Fällen kann man von Fehlentscheidungen sprechen. Bauern und Adel des Zarenreiches bekämpften die Truppen Napoleons gemeinsam und ließen ihn ins Leere laufen. Ähnlich wie im Falle Karls XII. im Großen Nordischen Krieg löste sich die Grande Armee in den Weiten Russlands auf. Während 1812 Moskau in Flammen stand, blieb die von Petersburg ausgehende Administration des Zarenreiches intakt. Über den Hafen St. Petersburg wurde die Kontinentalblockade Frankreichs erfolgreich gebrochen. Napoleons Rückzug aus Moskau geriet zur Flucht.

In gewisser Weise brachte das Jahr 1812 einen Schulterschluss zwischen den Eliten des Zarenreiches und eine Rückbesinnung auf das, was man für „russisch" hielt. So begann man beispielsweise – hier war die aufkommende Romantik spürbar –, die eigene Sprache wieder zu entdecken. Zugleich besaß der Wiederaufbau der verbrannten Stadtteile Moskaus oberste Priorität.

Für St. Petersburg bedeutete der Sieg über Napoleon den Ausbau zur Hauptstadt Europas. So sahen es zumindest die Stadtplaner. Die Verfolgung Napoleons bis auf die Boulevards von Paris hatte russischen Offizieren und Soldaten ein Europaerlebnis beschert. Alexander I. und seine Diplomaten wurden Akteure des Wiener Kongresses 1814/15, der Russland mit dem Königreich Polen weitere Gebietsgewinne brachte.

## Die imperiale Stadt

Angesichts dessen war es nur konsequent, wenn sich die Architekten in der Stadtplanung an einem neuen Gesamteindruck versuchten, der das imperiale Selbstbewusstsein ausdrücken sollte. Vor 1812 stand der Einzelbau im Vordergrund. Ohne 1812 wäre der ambitionierte Zugriff, der insbesondere die Plätze der Stadt zu homogenen Ensembles nach Vorbild des „Empire" zu machen trachtete, in diesen Ausmaßen nicht möglich gewesen. Der klassizistische „Empirestil", wie er sich in St. Petersburg zeigte, wurde in Ansätzen schon bald nach der Thronbesteigung Alexanders I. durch einen an altrömische Monumentalarchitektur erinnernden Stil erkennbar.

Façade de la Bourse de St. Petersbourg du Côté de la grande Neva )
Composée par Thomas de Thomon Architecte de S.M. L'Empereur Alexandre Iᵉʳ

Das Gebäude der Börse mit den Rostrasäulen an der Spitze der Wassili-Insel symbolisiert St. Petersburgs Funktion als Hafen und Handelsstadt. – Lithografie von Thomas de Thomon, 1806.

Dies galt beispielsweise für die tempelartige Börse von Thomas de Thomon. Bereits existierende Pläne Quarenghis für die Spitze der Wassili-Insel wurden zu den Akten gelegt, und der zentrale Platz des Handels mit den klassizistisch gehaltenen Lagerbauten wurde zu einem spielerischen Rückgriff auf römisch-griechische Vorbilder. Die vor der Börse errichteten Rostrasäulen stellten zudem über das Element des Wassers den imperialen Gesamtzusammenhang her. An den Füßen der Säulen, die eine Signalfunktion für den Schiffsverkehr hatten und zugleich die Börse weithin sichtbar illuminierten, saßen Personifikationen der großen russischen Flüsse Wolga und Don. Sie wurden im Portal der Börse wieder aufgenommen.

Die Kasaner Kathedrale auf dem Newski-Prospekt, noch von Paul I. in Auftrag gegeben, zeigt diese Bezüge ebenfalls. Paul hatte die Idee, der Bau solle sich an St. Peter in Rom orientieren. Der Architekt Andrei Woronichin variierte den Bau jedoch stark, so dass mehr als der Kuppelbau schon den Zeitgenossen die mächtigen Kolonnaden ins Auge fielen. Von 1801 bis 1811 errichtet, wurde es der zentrale Ort des Gedenkens für die erfolgreiche Abwehr Napoleons im Jahre 1812 und späterhin für das zarische Militär allgemein.

Michail Kutusow, der Feldherr der Jahres 1812, wurde hier begraben – an jener Stelle, an welcher er für den Sieg über Napoleon gebetet haben soll. Vor der Kathedrale wurden später Standbilder für Kutusow und den General Barclay de Tolley errichtet. Waffen und Feldzeichen der Siege über Napoleon wurden in die Kasaner Kathedrale verbracht. Zusammen mit dem schlichten Interieur vermittelte dies insgesamt einen wenig religiösen Eindruck. Es war jedoch eher die zentrale Lage, welche die Bolschewiki nach der Revolution im Jahre 1932 dazu bewog, die Kirche nicht nur ihrer Funktion zu berauben – wie sie es mit vielen Kirchen St. Petersburgs taten –, sondern gerade hier ein Museum für die Geschichte der Religion und des Atheismus einzurichten.

Wie stark auch russische Baumeister von der französischen Architektur dieser Zeit beeinflusst waren, zeigte die Neugestaltung der Admiralität durch Andrejan Sacharow. Deren neuer massiver Turm blieb Fluchtpunkt der Perspektive des Newski, doch durch die regelmäßigen Fassaden zu allen vier Seiten, so auch zum Denkmal des Ehernen Reiters, zum Winterpalast und zur Newa, war der eigentliche Charakter als Werft von außen nicht mehr erkennbar. Nur ein offenes Einfahrtstor für Baumaterialien zum Fluss verriet die tatsächliche Funktion. Mittelfristig wurden die Reste der Werft konsequent ausgelagert, so dass die Admiralität bald vollständig vom neu gebildeten Marineministerium genutzt wurde.

Alexanders Wille zur Umgestaltung der Stadt nach 1812 ermöglichte die von monumentalen Großbauten eingefassten Stadträume Carlo Rossis. Dessen Lösungen für eine geschlossen wirkende Architektur des so genannten Theater-Platzes, des Michael-Palais und des Platzes der Künste sowie – und vor allem – des Schlossplatzes machten St. Petersburg zum Laboratorium eines damals modernen, Paris und Rom übertreffenden Städtebaus. Hier handelte es sich nicht, wie in der Phase vor 1812, um Einzelbauten, sondern um eine Ausgestaltung zentraler Plätze, die sich in die Gesamtstruktur der Stadt einfügen sollten.

In den ersten beiden Fällen sollten sie einerseits geschlossene Ensembles bilden und sich andererseits zum Newski-Prospekt

Die Admiralität, im 18. Jahrhundert eine Werft, wurde nach den Umbauten des 19. Jahrhunderts zum Hauptquartier der russischen Marine.

öffnen. Zentraler Bau des Theater-Platzes war das Alexander-Theater, an dessen Entwürfen Rossi seit 1816 arbeitete und die er zwischen 1828 und 1832 realisierte. Der davor liegende Platz wurde vom Anitschkow-Palast zur einen und von der zeitgleich erbauten Nationalbibliothek zur anderen Seite begrenzt. Ins Zentrum des Platzes sollte später das 1873 eingeweihte Denkmal für Katharina II. rücken. Rossis architektonischer Plan fand seine Fortsetzung hinter dem Theater in einer Straße, die mit ihren langen, wuchtigen und zugleich klassizistischen Fassaden auf den Lomonossow-Platz an der Fontanka führte.

Ausgehend vom im Stile eines adligen Landsitzes gestalteten Michael-Palais – Namensgeber war hier nicht wie im Falle des Schlosses für Paul I. der Erzengel Michael, sondern der Bauherr Großfürst Michail, der jüngste Bruder des Zaren – gestaltete Rossi einige Wohnhäuser für den Adel mit einheitlicher Fassade. Die Begrenzungen des entstandenen Platzes wurden durch das so genannte kleine Opernhaus (1831–1833) von Alexander P. Brüllow und das Haus der Petersburger Adelsversammlung (1834–1839) markiert. Das kleine Opernhaus fungierte als Bühne für eine breitere Öffentlichkeit, die alle Schichten der Stadt – zumindest auf den oberen Rängen des Zuschauerraums – einbezog. Hier konnten Komponisten bei der Entwicklung einer eigenen Formensprache der Oper experimentieren, bevor sie den Sprung ins Große Haus, das kaiserliche Marinski-Theater, wagten. Michail Glinka stand mit der Vertonung seiner auf Alexander Puschkin zurückgehenden Libretti „Ein Leben für den Zaren" (1836) und „Ruslan und Ludmilla" (1842) am Beginn einer nationalen russischen Operntradition. Zum Platz der Künste wurde des Ensemble jedoch erst später, als aus dem Haus der Petersburger Adelsversammlung die Philharmonie und aus dem Michaels-Palais das „Russische Museum" wurde, das gleichsam den nationalen Widerpart zu den internationalen Sammlungen der Eremitage bieten sollte. Hier wurde erneut die Rivalität zwischen Moskau und Petersburg deutlich. Während der Mäzen und Kaufmann Pawel Tretjakow in Moskau ein Museum für russische Kunst gründete, war es im imperialen St. Petersburg die Initiative Alexanders III. und Nikolaus' II., die 1895/96 zum Umbau des Palais zum Museum führte.

Carlo Rossis Hauptwerk war jedoch die Bebauung des Schlossplatzes nach 1819. Sie war eine Planungsaufgabe, an der sich schon Rastrelli versucht hatte: Einerseits musste in Anbetracht der Größe des Winterpalastes der Schlossplatz groß dimensioniert sein. Dies entsprach zudem den Anforderungen des Zeremoniells. Zugleich aber war der Platz begrenzt, denn die in einer Biegung verlaufende Moika schränkte die gestalterischen Möglichkeiten ein. Rossis Bau für das Kriegsministerium und den Generalstab wurde diesen Anforderungen gerecht, indem er bei einer regelmäßigen Fassadengestaltung einen Halbkreis bauen ließ, der die Größe des Platzes erhielt und eine repräsentative Begrenzung gab, den Palast aber nicht überstrahlte. Die Verbindung zum Newski wurde durch eine Straße hergestellt, die durch einen Triumphbogen gekrönt wurde, der die Gebäude von Generalstab und Finanz- bzw. Außenministerium verband und paradierenden Truppen ein eindrucksvolles Entree auf dem Schlossplatz verschaffte.

Imperiale Architektur rund um den Schlossplatz: Das Ensemble Carlo Rossis mit der Alexandersäule aus dem Jahre 1832 im Zentrum. – Lithografie nach Joseph (Jossif) Ivanovich Charlemagne, Mitte des 19. Jahrhunderts.

Carlo Rossi krönte seine Laufbahn schließlich mit der Errichtung der Gebäude für den Senat und den Synod (1829–1834), jener Behörde, die der orthodoxen Kirche seit der Abschaffung des Patriarchats unter Peter dem Großen vorstand. Beide ebenfalls durch einen Triumphbogen verbundenen Gebäude bildeten die Seitenbegrenzung jenes Platzes an der Newa, in dessen Mittelpunkt der Eherne Reiter stand und auf dessen gegenüberliegender Seite Sacharow das neue Admiralitätsgebäude geschaffen hatte.

Gleichsam im Rücken des Ehernen Reiters war bereits 1818 mit dem Bau einer Kathedrale für den Heiligen Isaak von Dalmatien begonnen worden, die diesen Platz schließlich in seiner Gesamtheit abschloss und einen Vorgängerbau ersetzte. Auch hier war die Orientierung auf Rom und St. Peter offensichtlich. Anders als bei der Kasaner Kathedrale wurde nun ein in der Tat gewaltiger Kuppelbau realisiert, der St. Peter in Rom und St. Paul's

Der Bau der Isaak-Kathedrale mit seiner gewaltigen Kuppel war aufwändig und erstaunte die Fachwelt auch in technischer Hinsicht. – Abbildung auf einer Tafel im Inneren der Kathedrale.

in London nur wenig an Größe nachstand. Der Architekt Auguste Ricard de Montferrand realisierte mit viel Aufwand eine Vision, an deren Machbarkeit viele seiner Kollegen zweifelten.

So kolossal die imperiale Architektur war, die aus dem Gefühl der russischen Autokratie gespeist wurde, nicht nur der Retter Europas vor Napoleon gewesen, sondern auch die dominante Macht auf dem europäischen Kontinent zu sein, so wenig zugewandt war diese Architektur der Bevölkerung. Aus dem Zentrum verschwanden nicht zuletzt durch die Platzgestaltungen – es waren nicht die einzigen dieser Epoche – die kleinen Leute. Das Gepräge des Repräsentativen und Militärischen nahm zu. Die Ministeriumsbauten zeigten zugleich eine steigende Zahl von Beamten an. Wie auch andernorts im Zeitalter der Restauration ging dies jedoch nicht mit mehr gesellschaftlicher Beteiligung oder gar politischer Mitbestimmung einher. Alexander I., der auf dem Wiener Kongress Verfassungen für die Staaten des Deutschen Bundes gewollt hatte, der seinem Königreich Polen eine Konstitution gab, kam weder auf die Reformpläne Speranskis noch auf die anderer Berater zurück. Stattdessen griff bei ihm, und nicht nur bei ihm, ein christlicher Mystizismus um sich, der außenpolitisch in die „Heilige Allianz" und innenpolitisch zur Abwendung von den existierenden Problemen im Russischen Imperium führte, auf deren Lösung die Menschen gerade nach der gemeinsamen Anstrengung des Jahres 1812 gehofft hatten. Das imperiale Bauprogramm Alexanders und seines Architekten Carlo Rossi in St. Petersburg steht gleichsam für den nach außen getragenen Anspruch auf imperialen Vorrang und die Abwendung von der Bevölkerung im Inneren.

## Die Dekabristen

„Im Jahre 1814 war das Leben der Jugend quälend leer. Während zwei Jahren hatten wir großen Ereignissen, die über das Schicksal der Völker entschieden, beigewohnt und zum Teil auch aktiv daran teilgenommen; nun war es uns unerträglich, das sinnlose Leben in Petersburg zu sehen und das Geschwätz der Greise zu hören, die alles Alte lobten und jeden Fortschritt tadelten. Ihnen gegenüber waren wir um 100 Jahre vorausgeeilt." (Iwan D. Jakuschkin)

Nach 1812 zog sich Alexander I. aus der aktiven Politik mehr und mehr zurück und überließ das Regieren seinen Beratern und Ministern. Die Zensur wurde ausgeweitet. Das Land wurde mit Militärkolonien überzogen, in denen militärische Ausbildung mit Agrarwirtschaft kombiniert wurde. Die Bildungsinstitutionen der Hauptstadt und des Reiches wurden gegängelt. Gleichzeitig polarisierte die Politik des Zaren gegenüber seinem neuen Königreich Polen. Nikolai Karamzin warnte den Kaiser davor, den Polen eine Verfassung zu geben. Sie müsse das Reich sprengen, erstens wegen separatistischer Tendenzen der Polen, zweitens, weil Forderungen nach einer Verfassung auch in Russland aufkommen könnten. Karamzin sollte damit Recht behalten. Forderungen solcher Art wurden nun in Kreisen erwogen, die am Petersburger Hof und mit der Zarenfamilie selbst verkehrten.

Neben den jungen Offizieren, die aus Westeuropa nach Petersburg zurückkehrten, war es vor allem das 1811 gegründete Lyzeum von Zarskoje Selo, das, ursprünglich als Kaderschmiede für eine zarentreue Elite gedacht, nun zum Kristallisationspunkt freiheitlich denkender, der Selbstherrschaft distanziert gegenüberstehender Männer werden sollten. Unter den ersten Schülern befand sich eine ganze Schar jugendlicher Enthusiasten, die nach ihrem genialsten Kopf, Alexander Puschkin, auch die „Puschkinsche Plejade" genannt wurde. Diese Söhne aus bestem Hause erhielten in Zarskoje Selo eine Erziehung, die romantischen Freiheitsidealen verpflichtet war. Aus dieser Plejade gingen noch weitere bedeutende Schriftsteller und Dichter hervor, aber auch zahlreiche „Tatmenschen", die dereinst den Aufstand gegen die Monarchie proben sollten. Alexander Puschkin legte später das Fundament der russischen Literatur: Mit seinen Versepen „Ewgeni Onegin" und dem „Ehernen Reiter", jenem literarischen Beginn des Petersburg-Mythos, sowie seinen Prosawerken wie „Die Hauptmannstochter" wurde er beispielgebend nicht nur für seine Generation, in der viele Offiziere, Oppositionelle und Dichter zugleich waren. Puschkin hatte zahlreiche Freunde unter den späteren Dekabristen aus Schülertagen, er selbst stand ihnen nahe: Er wäre, so Puschkin gegenüber dem späteren Kaiser Nikolaus, mit dabei gewesen, wenn er zu diesem Zeitpunkt nicht ohnehin aus St. Petersburg verbannt gewesen wäre. In Zarskoje Selo, also in unmittelbarer Nachbarschaft zur prachtvollen kaiserlichen Residenz, wurden Freigeister erzogen, die sich in dem, was sie dachten, deutlich von dem entfernten, was sie denken sollten. Andere literarische Gesellschaften und Bünde bildeten sich in den Salons St. Petersburgs und im ganzen Land. Sie verfügten über exzellente Verbindungen zu Offizierskreisen.

## Ein Brief des Dekabristen A. A. Bestuschew an Zar Nikolaus I. nach 1825

„Die Regierung Kaiser Alexanders schien anfänglich in Bezug auf das Wohlergehen Russlands zu den schönsten Hoffnungen zu berechtigen .... Endlich fiel Napoleon in Russland ein, und in diesem Augenblick wurde sich das russische Volk das erste Mal seiner

Kraft bewusst; in diesem Augenblick erwachte in seinem Herzen das Gefühl der Unabhängigkeit, zunächst der politischen, dann der nationalen. Das war der Anfang des freiheitlichen Denkens in Russland. Die Regierung sprach die Worte selbst aus: Freiheit, Befreiung. Sie verbreitete selbst Schriften über den Missbrauch der uneingeschränkten Macht durch Napoleon, und der Ruf des russischen Monarchen drang bis an die Ufer des Rheins und an die Seine. Noch war der Krieg nicht beendet, als heimkehrende Krieger Äußerungen der Unzufriedenheit im Volke verbreiteten. Wir haben Blut vergossen, sagen sie, und nun zwingt man uns wieder im Frondienst zu schwitzen. Wir haben uns vom Tyrannen befreit, uns aber tyrannisieren die Herren aufs Neue. Alle Grade der Armee, von den Generälen bis hinunter zu den einfachen Soldaten, redeten nur davon, als sie heimkamen, wie gut das Leben in fremden Ländern eingerichtet sei … Anfänglich gaben sich viele noch der Hoffnung hin, dass der Kaiser eine Verfassung des (polnischen) Sejms angedeutet hatte, und der Versuch einiger Generäle, ihre Sklaven freizulassen, flößte ebenfall Zuversicht ein. Aber im Jahre 1817 veränderte sich alles, da die Zahl der Spitzel zunahm, gezwungen, im Verborgenen darüber zu sprechen, und das war der Anfang der Geheimgesellschaften."

Die Geheimgesellschaften, die sich nun bildeten, waren in manchem eine Fortsetzung der florierenden, aber verbotenen Freimaurerei. Organisationen wie der Rettungsbund oder der Wohlfahrtsbund wirkten jedoch durch ihren Ansatz der Volksbildung sehr viel stärker in die Öffentlichkeit hinein. Als Alexander I. nach dem Aufstand im Semjonowski-Garderegiment im Jahre 1820 im Herzen der Hauptstadt in der Angst, ihm könne womöglich das gleiche gewaltsame Ende drohen wie seinem Vater, die Zuverlässigkeit des Militärs überprüfen ließ, wurde auch der Wohlfahrtsbund verboten. Schon bald bildeten sich aber neue Gesellschaften. Ein Nord- und ein Südbund, der Erstere mit einem Schwerpunkt in St. Petersburg, schmiedeten Pläne für eine Verfassung Russlands. Vorbilder waren die polnische und vor allem die amerikanische Konstitution. Differenzen gab es freilich über die Frage, ob das Imperium der Zaren eine Republik oder eine konstitutionelle Monarchie werden solle, und über die nationale Frage. Etwa 300 Personen aus den ersten Familien des Hofes und des Reiches waren beteiligt, so dass seit 1824 Gerüchte über einen Umsturz in der Hauptstadt umliefen.

Alexander I. starb am 19. November 1825 überraschend in Taganrog am Schwarzen Meer. Dorthin hatte er seine Frau auf Kur begleitet, ohne zu wissen, wie schwach er selbst schon war. Eine Woche dauerte es, bis die Nachricht von seinem Ableben in die Hauptstadt gelangte. Die Thronfolgeregelung war nur schlecht vorbereitet. Der Zar war nach dem frühen Tod seiner beiden Töchter kinderlos geblieben. Als Thronfolger galt der nächstjüngere Bruder, Großfürst Konstantin, der als Statthalter in Warschau lebte, Alexander gegenüber aber auf den Thron verzichtet hatte. So hatte der Zar in einem geheimen Thronfolgemanifest Konstantins nächstjüngeren Bruder, Nikolaus, zum Nachfolger bestimmt.

Großfürst Nikolaus seinerseits hatte dieses Thronmanifest nie selbst gesehen und von seiner Existenz nur gehört, so dass er nach der Nachricht vom Tode seines Bruders seinem älteren Bruder Konstantin im Winterpalast die Treue schwor. Hohe Würdenträger des Staates, die Nikolaus aufforderte, es ihm gleichzutun, wiesen auf das geheime Thronmanifest hin und weigerten sich. Nikolaus verlangte daher von Konstantin, nach St. Petersburg zu kommen, dort wahlweise seinen Thronverzicht zu erklären oder aber sich zum Selbstherrscher Russlands ausrufen zu lassen. Alexander wie Nikolaus war bekannt gewesen, dass sich adlige Offizierskreise verschworen hatten, um die Einführung einer Verfassung herbeizuführen, und Nikolaus war bewusst, dass die unklare Situation des Thronwechsels die Gelegenheit war, um loszuschlagen.

In der Tat sahen die Aufständischen den Moment gekommen. Sie verbreiteten unter den Garderegimentern und in den Salons der Stadt, Nikolaus wolle sich an Konstantin vorbei des Thrones bemächtigen. Am 13. Dezember 1825 hatte sich Nikolaus jedoch dazu entschlossen, nicht länger auf einen Sinneswandel seines Bruders in Warschau zu warten und den Thron zu besteigen. Am nächsten Tag sollte die Vereidigung der Truppen der Hauptstadt auf Nikolaus erfolgen. Die adligen Verschwörer, die ihren Namen später vom russischen Namen des Wortes Dezember, „dekabr", erhalten sollten, schritten zur

Tat. Fürst Sergei P. Trubezkoi aus einem Geschlecht, welches älter als die Dynastie der Romanows selbst war, sollte den Umsturz leiten. Freilich wussten alle Beteiligten, dass die Aussichten auf Erfolg gering waren. Am Vorabend des Aufstandes erklärte der Dichter Kondrati F. Ryleew: „Ich bin sicher, dass wir untergehen werden. Aber unser Beispiel wird weiterleben. Wir werden uns für die künftige Freiheit unseres Vaterlandes opfern." Ein anderer Verschwörer formulierte die Gewissheit der Niederlage mit den Worten, dass er es vorzöge, „auf dem Senatsplatz statt aus dem Bett heraus verhaftet zu werden."

Die Soldaten zu überzeugen, war eine komplizierte Sache. Sie verstanden die Sprache und die Anliegen des Adels nicht. Am 14. Dezember 1825 folgte den adligen Offizieren daher nur ein Garderegiment auf den Senatsplatz, unmittelbar an der zugefrorenen Newa. Einzelne Truppenteile und Schaulustige kamen hinzu, so dass sich schließlich einige tausend Menschen versammelt hatten. Der Generalgouverneur von St. Petersburg, General Miladorowitsch, begab sich zu den Aufständischen und wollte sie zum Aufgeben bewegen – vergeblich, er wurde getötet. Nikolaus wiederum hatte die Meuternden auf dem Senatsplatz von loyalen Truppen mit Artillerie einschließen lassen und ließ androhen, das Feuer zu eröffnen, wenn die Aufrührer die Soldaten nicht wieder zurück in die Kaserne führten. Als sie sich weigerten, ließ Nikolaus in den frühen Nachmittagsstunden in der Dämmerung die Masse durch gezielten Beschuss auseinandertreiben. Die Anführer flohen zum Teil über die Newa auf die Wassili-Insel, wurden jedoch am gleichen Tag verhaftet. Andere wurden in ihren Stadtpalais aufgegriffen.

Nikolaus, der lange gezögert, dann aber mit harter Hand zugeschlagen hatte, schrieb am nächsten Tag seinem Bruder nach Warschau: „Lieber, lieber Konstantin, Dein Wille ist geschehen. Ich bin Zar, aber, mein Gott, um welchen Preis! Um den Preis des Blutes meiner Untertanen".

Die festgenommenen Verschwörer gaben in den sofort einsetzenden Verhören in der Peter-und-Paul-Festung ausführlich Auskunft über ihre Ziele, Programme und Ideale. Im Mai 1826 wurden die Untersuchungen abgeschlossen. Man hatte 2 240 Häftlinge und 3 000 Zeugen verhört. Gegen 121 Personen wurde Anklage wegen Hochverrats erhoben. Unter den Beklagten fanden sich sieben Fürsten, zwei Grafen, drei Barone, zwei Generäle und 23 Oberste – die Elite des Landes. Der Prozess fand schließlich in einem Sondergericht in der Peter-und-Paul-Festung statt. 36 Personen sollten hingerichtet, 33 Dekabristen zu Zwangsarbeit in Sibirien verurteilt werden. Schließlich begnadigte Nikolaus 31 der zum Tode verurteilten Verschwörer zu lebenslanger Zwangsarbeit und Verbannung. Fünf allerdings wurden gehängt. Die nach Sibirien verbannten Dekabristen blieben auch fern von der Hauptstadt ihren Idealen treu, sie engagierten sich in Lesezirkeln, unterrichteten illegal in Schulen und übernahmen somit eine wichtige Aufgabe für die Modernisierung des sibirischen Reichsteils. Noch heute zeugen ihre aus Holz gebauten Villen in Irkutsk vom Export hauptstädtischer Kultur an den Baikalsee.

Überhaupt wurden die Dekabristen bald Gegenstand der Mythologisierung. Die Orte, die sie in St. Petersburg besuchten, die Salons und Cafés, wurden von nun an mit ihrem Namen verbunden. Dies galt auch für den Senatsplatz, auf dem der Aufstandsversuch einen so dramatischen Verlauf genommen hatte. Er war nicht mehr nur mit dem „Ehernen Reiter" verbunden. Neben der Erinnerung an den Stadtgründer stand er nun auch für den Widerstand gegen eine autokratische Politik. Dies nahmen die Bolschewiki auf, als sie nach der Oktoberrevolution von 1917 den Senatsplatz in Platz der Dekabristen umbenannten.

## Die Ordnung der Hauptstadt

Der Dekabristen-Aufstand war für Nikolaus eine Urerfahrung. Revolutionsfurcht und -ablehnung prägten seine Herrschaft. Ordnung war das leitende Prinzip. Dieses galt es auch in der Stadt durchzusetzen. Und es war keineswegs so, dass er mit seinem Bedürfnis nach Ruhe allein dastand. Vielen Vertretern der hauptstädtischen Elite saß der Schock über den offenen Aufstand auf dem Senatsplatz in den Knochen. Der neue Zar als Garant der Stabilität und Ordnung war zunächst durchaus populär. Diese Ordnung sollte, so Nikolaus, an der Funktionsfähigkeit von Staat und Stadt ausgerichtet werden. In der Epoche seines Bruders war der Lebensstil des Dandy in der Petersburger Oberschicht aufgekommen, der im Gehrock und mit Zylinder auf dem Newski flanierte und damit zeigte, dass Amusement und Selbstvervollkommnung im Mittelpunkt seines Interesses standen. Nikolaus hingegen wollte über die Uniformierung die Positionen im städtischen und staatlichen Gefüge sichtbar machen. St. Petersburg sollte das Zentrum einer perfekt verwalteten staatlichen Bürokratie werden, und durch die zunehmende Zahl an Ministerien und Behörden wuchs die Zahl der Beamten rapide.

Nikolai Gogol, ein ukrainischer Schriftsteller, der nach St. Petersburg kam, um Karriere zu machen und sich von der glänzenden Stadt und ihren Möglichkeiten enttäuscht sah, hat deren Welt meisterhaft beschrieben. In seinen „Petersburger Erzählungen" setzte er der Stadt ein ambivalentes literarisches Denkmal: In der Novelle „Der Mantel" (1842) wird in fantastischer Weise die Welt des kleinen Beamten Akaki Akakijewitsch beschrieben, der aus seinem ranglosen Dasein als Kopist auszubrechen versucht, indem er sich von seinen Ersparnissen einen schönen Mantel kauft. Durch ihn wird er als Person endlich wahrgenommen, verliert sein Selbstbewusstsein jedoch wieder, als ihm der Mantel gestohlen wird, verfällt dem Wahnsinn und geistert durch die Stadt. Ein teurer Mantel, Rang und Uniform zählten also, das Individuum hingegen nicht.

Nikolaus selbst beteiligte sich an den Zeichnungen der Uniformen für Staats- und Stadtverwaltung. Studenten kamen anders als etwa in Deutschland in Uniformen daher, allerdings durften sie keine Degen tragen und sich nicht duellieren, dies störte die Ordnung. Das Militär stieg in seiner Bedeutung, jedoch musste es auch immer wieder in seiner Verlässlichkeit überprüft werden. Dies allerdings traute Nikolaus, der als seinen eigenen Berufswunsch wohl Regimentsoberst angegeben hätte, allerdings den dafür zuständigen Ministerien nicht zu: Er organisierte für diesen und auch für andere Bereiche die so genannte Kanzlei des Zaren, deren III. Abteilung unter Leitung von Alexander von Benckendorff, einem Deutschbalten, der kaum Russisch sprach, dafür zuständig war, den Herrscher mit Informationen über die Lage in der Stadt und im ganzen Reich zu versorgen und Zensur zu üben.

In manchen Fällen wurde der Zar selbst zum Zensor. Die Werke Alexander Puschkins, der unter anderem wegen seiner Sympathie für die Dekabristen unter Beobachtung stand, wurden von Nikolaus persönlich beschnitten. Und es war durchaus nicht so, dass er für die in Puschkins Werken geübte Kritik kein Verständnis aufgebracht hätte. Er sah die Notwendigkeit für Veränderung durchaus, hatte aber Angst vor unkontrollierbaren Folgen. Am ehesten war er – im Gegensatz zu manchen seiner Berater – technischen und infrastrukellen Maßnahmen gegenüber aufgeschlossen. 1837 kam die Eisenbahn nach Russland, und bezeichnenderweise führte die erste Trasse von St. Petersburg nach Zarskoje Sjelo. Der Kaiser fuhr bequem im Salonwagen in seinen Sommersitz. Neben dem Bahnhof wurde ein Vergnügungspark errichtet, in dem Johann Strauss gefeierte Sommerkonzerte dirigierte. 1851 erfolgte die späte, aber ungleich bedeutendere Verbindung zwischen St. Petersburg und Moskau. Wie andernorts auch, begann mit der Bahn eine beschleunigte wirtschaftliche Entwicklung, in deren Mittelpunkt die Hauptstadt stand.

Zugleich machte es gerade das Wachstum der Stadt offensichtlich, dass St. Petersburg eine effiziente Kommunalverwaltung brauchte. Das Selbstverwaltungsstatut Katharinas aus dem Jahre 1785 hatte sich als nicht hinreichend erwiesen. St. Petersburg war hierfür das beste Beispiel. Die Probleme der wachsenden Stadt waren durch die gewählten Organe der katharinäischen Statuten nicht zu bewältigen, wie die Gesundheitsversorgung zeigt. Die ersten Krankenhäuser, die in der Epoche Katharinas II. errichtet wurden, waren klassizistische Tempel der Stadtarchitektur gewesen. Im Laufe des 19. Jahrhunderts waren sie mit der Krankenversorgung jedoch völlig überfordert und die Stadtbehörden sahen sich außerstande, Neubauten in Angriff zu nehmen. Die von der Zarenfamilie gestifteten und verwalteten Hospitäler in der Stadt brachten ebenfalls nur unzureichende Abhilfe, so dass um die Mitte des 19. Jahrhunderts die Berichte über das Gesundheitswesen in St. Petersburg verheerend waren.

Ähnliches galt für die Infrastruktur der Stadt: Auch wenn die winterlichen Pontonbrücken aus Holz seit 1850 durch gusseiserne abgelöst wurden, auch wenn die Stadt mit zunächst privat betriebenen Pferdebahnen ausgestattet wurde, die die Anfänge des öffentlichen Personennahverkehrs darstellten, fehlte eine effektive Stadtverwaltung, die hier für Verdichtung, Regulierung und Verbesserung gesorgt hätte.

Um 1840 beschäftigten sich staatliche Kommissionen intensiv mit der Lage der Handwerker und der Arbeiter in den Manufakturen. Erhoben wurden deren Wettbewerbs-, vor allem aber deren Arbeits- und Lebensbedingungen. Das Ergebnis sprach nicht gerade für eine fürsorgliche und ordnende Selbstherrschaft des Zaren. Die Menschen lebten teils mit mehreren Familien in einem Zimmer. Ecken wurden einzeln zur Miete angeboten. Männliche Saisonarbeiter bekamen einen Schlafplatz für wenige Stunden vermietet. Arbeiter in den Manufakturen schliefen auf ihren feuchten Werkbänken, vor der nassen Kälte des Petersburger Winters kaum geschützt.

Nikolaus antwortete hierauf nicht mit einer umfassenden Sozialpolitik, sondern 1846 mit einem Stadtstatut, welches die Hauptstadt zwar mit einer lokalen Duma ausstattete, jedoch nicht mit einer effektiven Verwaltung. Die Wahl zur Duma war kompliziert und privilegierte Kaufleute und vor allem den Adel, der als Rückgrat des Systems galt. Er beteiligte sich allerdings kaum, weil er es für unfein hielt, sich wählen zu lassen und sich in öffentlichen Angelegenheiten zu engagieren. So tagte die Stadtduma nur selten, und eine nachhaltige Planung der städtischen Entwicklung unterblieb.

## Der Heumarkt

„Der Heumarkt ist an dem Morgen aller Wochentage mit handelndem Gedränge erfüllt und gewöhnlich mit so dichtem, dass nur mit Mühe von der Polizei in der Mitte eine Gasse für die Equipagen frei gehalten wird. Auf der Seite dieser Gasse pflegen gewöhnlich die Heuverkäufer, die Holz- und im Frühlinge die Baum- und Pflanzenhändler zu stehen, an der anderen die Fleisch-, Fisch-, Butter- und Gemüsebauern. In der breiten Gasse in der Mitte fahren die Köche der vornehmen Herrschaften und die Bürgerfrauen an, und

Damen in ihren mit Victualien beladenen Schlitten und Equipagen, mit deren Glanze die eingepackten Zwiebeln, das Wurzelkraut und die blutigen Gänsehälse oft sehr sonderbar abstehen, und rundherum an den Kanten vor den Häuserreihen sind die Kwas und Pastetenbereiter, die Met-, Bier- und Teeschenken, die dem Bauern Gelegenheit geben, einiges von seinem erworbenen Verdienste der Stadt sogleich wieder in Kurs zu geben.

Da die Art der Aufstellung, der Auswahl und Behandlungsweise dieser Waren hier in St. Petersburg so ganz neu und eigentümlich ist, so mögen hier einige Bemerkungen darüber erlaubt sein, umso mehr, dass sie Gelegenheit geben werden, Blicke in das innere Leben dieser Stadt tun zu lassen. Petersburg nährt in seinen Ställen eine Herde von nicht weniger als 30 000 bis 40 000 Pferden, ohne die des Militärs zu rechnen, und mit Einschluss der Letzteren sogar 50 000 bis 60 000 Rosse, ohne Zweifel mehr als verhältnismäßig irgend eine andere Hauptstadt Europas aufzuweisen hat. Denn es kommt danach auf acht Einwohner ein Pferd, was wohl ein nirgendwo übertroffenes Verhältnis sein möchte. Der tägliche Heuverbrauch ist daher ungeheuer. Im Sommer kommen ganze Flotten mit hohen Heubergen beladener Schiffe die Newa herab, und im Winter ziehen beständig lange Karawanen kleiner Heuschlitten in die Stadt ein, die sich auf dem Sinoi-Ploschtschad in Kompanien und Regimenter scharen. Das Heu wird zum Teil in ganzen Fuhren verkauft, das meiste aber von den Bauern auf dem Boden ausgebreitet und in kleinen Haufen aufgestellt, jeder zu 20 Kopeken, damit die wandernden Iswoschtschiks jederzeit einen Arm voll für ihr Pferdchen finden. Zwischen den Reihen dieser Haufen schleichen arme Frauen, kleine Mädchen und Burschen wie die Sperlinge bei den Hafersäcken umher, um mit kleinen Besen die Halme, die den Fuhrleuten und Bauern entfielen, in ihren Schürzen aufzulesen. Sobald sie ein Maul voll für ihr Pferdchen fertig haben, laufen sie damit auf die Straßen, um sich bei den Iswoschtschiks einen Mund voll für sich selber zu verdienen." (Johann Georg Kohl, Petersburg in Bildern und Skizzen. Teil 1: Dresden 1841)

Die Ordnung inmitten des lebendigen Treibens des Heumarktes wurde gewährleistet durch einen aus Gardetruppen gebildeten Posten, der in einem Wachgebäude an einer Ecke des Platzes untergebracht war. Er trug dafür Sorge, dass Waren, deren Handel nur außerhalb der Stadt erlaubt war, nicht verkauft wurden. Wegen seiner Lage am Ende der Moskauer Chaussee und mit enger Anbindung an die Fontanka war der Heumarkt gut belieferbar und führte die Handelswaren ins Zentrum der Stadt. Auf dem Heumarkt trafen Abnehmer und Anbieter unmittelbar aufeinander. Nicht umsonst wurde hier bereits Ende der 1820er-Jahre das erste fünfstöckige Mietshaus St. Petersburgs errichtet. Es begann die zunächst drei- dann vierstöckige Bebauung zu verdrängen.

Der Heumarkt mit seinen unterschiedlichen Milieus war öffentlicher Raum und „melting pot", und zwar in weit stärkerem Maße als andere Viertel der ohnehin vergleichsweise internationalen Stadt. Hier lebten Juden, denen der Zuzug eigentlich gesetzlich verboten war. Der Heumarkt war auch Wohnort der von Nikolai Gogol so spöttisch beschriebenen deutschen Handwerker, er war vor allem Lebenswelt der Tagelöhner, Bauern, Kutscher und der Armen. So war er im 19. Jahrhundert Seismograf für innerstädtische Konflikte und sicher kein Ort, der sich in die Ordnung fügte, auf die Nikolaus I. so viel Wert legte.

Als im Juni 1831 die Cholera erstmalig in St. Petersburg auftrat, war natürlich ein Platz wie der Heumarkt als Ort sozialer Verdichtung ein Krankheitsherd erster Güte, und es wurde erwogen, ihn unter Quarantäne zu stellen. Der damalige Innenminister Sakrewski lehnte dies mit der Begründung ab, dies würde die städtischen Unterschichten aufwiegeln. Nichtstun ging also vor Seuchenprävention. Die Furcht des Ministers war nicht ganz unbegründet: Das „einfache Volk", die „schwarzen Leute" („schwarz" hier als „schmutzig" zu verstehen), hatten einige Tage zuvor das Cholerahospital am Rande des Heumarktes überfallen und die dort arbeitenden Ärzte und Feldscher samt dem Inventar aus dem Fenster geworfen. Erst Gardetruppen machten der Unruhe ein Ende. In einer Zeit, in der die Mediziner über die Übertragungsursachen der Cholera stritten, war den Gerüchten Tür und Tor geöffnet, wer an dieser Epidemie Schuld war und wie sie in die Stadt gekommen war. Als die Cholera im November 1831 wieder aus der Stadt verschwand, waren ihr etwa 9 000 Petersburger zum Opfer gefallen.

# Katastrophen

Die Cholera war bis ins frühe 20. Jahrhundert ein periodisch wiederkehrendes Phänomen. St. Petersburg wurde im Verlauf des 19. Jahrhunderts zu einer Stadt mit einer Vergleichsweise hohen Mortalitäts-, vor allem einer hohen Kindsterblichkeitsrate, die ihr Zentrum in erster Linie in jenen Gegenden hatte, in denen die städtischen Unterschichten lebten, also um die Mitte des 19. Jahrhunderts etwa in dem Ochta- oder dem Wyborger Viertel.

Auch von anderen Katastrophen, die die Stadt heimsuchten, waren die „kleinen Leute" zweifellos in stärkerem Maße betroffen als der Adel der Stadt. In der großen Flutkatastrophe von 1824, die den Hintergrund von Alexander Puschkins Poem „Der Eherne Reiter" abgibt, wurde der Schlossplatz überschwemmt, und der Newski-Prospekt präsentierte sich zwischen Newa und Fontanka als eine Wasserfläche. In den Manufakturen auf den Newa-Inseln starben einige hundert Menschen. Innerhalb eines halben Tages trat das Wasser derart über die Ufer, dass der Petersburger Generalgouverneur Miloradowitsch in einem von zwölf Soldaten geruderten Boot auf dem Newski fuhr, um sich persönlich an der Rettung der vom Wasser eingeschlossenen Bewohner zu beteiligen. Auch wenn die Fluten bedrohlich und unerwartet gekommen waren – am Abend des Fluttages fuhren wieder die Equipagen des Adels über St. Petersburgs Hauptstadt und die Stadt kehrte zu ihrem normalen Leben zurück. Sehr viel stärker gegenwärtig im Alltagsleben der Menschen waren neben periodisch auftretenden Seuchen Krankheiten wie Diphtherie und Typhus, die zu Dauerphänomenen wurden und wesentlich zur hohen Sterblichkeitsrate in der Stadt beitrugen. Die Wasserqualität wurde zu einem umso stärkeren Problem, je mehr das Jahrhundert voranschritt.

Zu den Bedrohungen der Petersburger gehörte aber auch das Feuer. Brände zählten zu den oft auftretenden Phänomenen, insbesondere dort, wo die Menschen auf engem Raum zusammenlebten und offenes Feuer zum Kochen und als Heizquelle notwendig war, auf Märkten, in Mietshäusern und Baracken, in den Handwerksbetrieben und Manufakturen. So kos-

Der vergoldete zarische Doppeladler: Detail aus dem Thronsaal des Winterpalastes nach dem Brand von 1837.

tete das Feuer vom Februar 1836, das in einem populären Burleskentheater in der Nähe des Admiralitätsplatzes ausbrach und die umliegenden Viertel in Mitleidenschaft zog, 120 Menschen das Leben. Selbst der Zar blieb nicht verschont. Als am 2. Dezember 1837 der Winterpalast in Brand geriet – wie im übrigen schon seine Vorgängerbauten –, war Nikolaus I. gerade im kaiserlichen Theater, eilte jedoch sofort auf den Schlossplatz, um die kaiserlichen Garden bei der Löschung und der Sicherung des Interieurs persönlich zu kommandierenden. Es gelang, die kostbaren Möbel und auch die Gemälde von unschätzbarem Wert in Sicherheit zu bringen. Nikolaus befahl, dass der Palast trotz der schweren Schäden, die der barocke Bau genommen hatte, bis zum Osterfest 1839 wieder bezugsfertig zu sein habe. Der leitende Architekt Wassili Stassow gab den Innenräumen ein neues, dem Zeitgeist entsprechendes Design, das auf die Zufriedenheit des Herrschers stieß. Graf Pjotr Kleinmichel trieb die Leibeigenen, die hier arbeiten mussten, ohne

Rücksicht auf Gesundheit und Leben zum Äußersten an, und so war der Palast nach den Wünschen des Zaren nach nur etwas mehr als einem Jahr Renovierung wieder bezugsfertig.

Gleichzeitig begann die Erweiterung der Eremitage um ein neues Gebäude, dessen Architekt Leo von Klenze wurde. Eigentlich im Dienste des bayerischen Königs, reiste er mehrfach nach St. Petersburg um mit den russischen Architekten Wassili Stassow und Nikolai Jefimow bis 1850 einen Bau zu realisieren, der – erstaunlich genug – gerade unter dem autokratischen Nikolaus zu einem öffentlichen Museum wurde. Bei der Eröffnung im November 1852 präsentierte der Zar 500 geladenen Gästen seine erweiterte Sammlung, bei deren Hängung er selbst Hand angelegt hatte.

## Kulturelle Blüte und Opposition

In dem Klima der Reaktion, das unter Nikolaus herrschte, gedieh das kulturelle Leben in der Stadt. Auch nachdem Puschkin 1837 an den Folgen eines Duells gestorben war, führten Nikolai Gogol und andere die Literatur zu neuen Blüten. Der berühmte Kritiker Wissarion Belinski förderte 1846 durch eine positive Besprechung des Erstlings „Arme Leute" die Karriere von Fjodor Dostojewski, dessen Schilderungen des Petersburger Lebens der Unterschichten wesentlich zum Mythos der Stadt beigetragen hat.

Gleichsam unter den Augen der Zensur wurde über die Zukunft Russlands diskutiert. Die Stadt Petersburg stand hierbei im Zentrum. Manche Intellektuelle sahen in ihrer Gründung und der Entwicklung, die der russische Staat seitdem genommen hatte, einen Irrweg und forderten ein Zurück zu den Wurzeln des Slawentums, dessen Gehalt unscharf blieb, dessen Entfaltung man aber eher in Moskau sah. Die lockere Gruppe um Konstantin Aksakow wurde als „slawophil" bezeichnet und war sozialromantisch, später national gesonnen. Sie wurde von der Regierung als bedrohlich empfunden. Das Werk Peters des Großen, weder sein Staat, noch seine Stadt durften in Frage gestellt werden. Auf der anderen Seite des intellektuellen Spektrums standen stärker oppositionelle Kräfte, die argumentierten, die „Verwestlichung" sei nicht weit genug gegangen, politische Partizipation tue not. Im zeitlichen Umfeld der europäischen Revolution von 1848 wurden sozialkritische und frühsozialistische Ideen und deren Anwendung auf Russland diskutiert. Diese radikalen „Westler" sollte für die Autokratie zur größeren Herausforderung werden.

Nikolaus I. sah die Revolution des Jahres 1848 in Europa auf St. Petersburg übergreifen. Beispielhaft dafür war ein Diskussionskreis, der sich in der Hauptstadt im Hause des Adligen Michail Butaschewitsch-Petraschewski von 1844 bis 1849 versammelte. Zu diesen „Petraschewzen" gehörten auch Fjodor Dostojewski und Michail E. Saltykow-Schtschedrin. Nach Petraschewski war es Aufgabe der Gruppe, „die allgemeinen Prinzipien, die die Wissenschaft erarbeitet hat, auf unsere Wirklichkeit anzuwenden." Diskussionen und Lesungen zu Themen aller Art genügten um den Zirkel verdächtig zu machen. Er wurde schließlich ausgehoben und seine Mitglieder, unter ihnen auch Dostojewski, 1849 festgenommen. Nikolaus sah sich in seiner Revolutionsfurcht bestätigt. Die vermeintlichen Aufrührer wurden angeklagt und vor ein Sondergericht gestellt.

## Aus dem Abschlussbericht des Prozesses gegen die „Petraschewzen"

„Aus der Untersuchung hat sich ergeben, dass eine Anzahl junger Leute, von denen die einen wirklich an Herz und Geist verderbt, die andern Opfer einer Verführung waren, eine geheime Gesellschaft gebildet haben, um mit Hilfe derselben die gegenwärtige Organisation des Staates zu stürzen und an die Stelle derselben die Anarchie zu setzen."

21 Verbrecher machte die Untersuchungskommission aus, die zum Tode durch Erschießen verurteilt wurden. Nikolaus begnadigte die Petraschewzen, ließ ihnen dies aber erst mitteilen, als man sie bereits aus der Peter-und-Paul-Festung auf den Semjonow-Platz zur öffentlichen Hinrichtung geführt hatte. Dieses Ereignis war Bestandteil der „sieben verrückten Jahre" zwischen 1848 und dem Tode des Zaren 1855. Nikolaus ließ seinen

Untertanen das Studium im Ausland verbieten; die Zahl der Studenten reduzierte er ebenso wie die der Gymnasiasten. Einige Anhänger der Selbstherrschaft wie Fjodor Tjutschew sprachen davon, dass es in Europa nur zwei Prinzipien gäbe, das der Revolution und das der Selbstherrschaft des Zaren. Die Stimmung in den Salons der Hauptstadt war angesichts der Probleme im Lande gedrückt. Dazu kam die außenpolitische Situation: War St. Petersburg am Anfang des 19. Jahrhunderts der Ort, an dem der Retter Europas regierte, wurde es nun zum Sitz des „Gendarmen Europas". Als 1853 der Krimkrieg ausbrach, zunächst mit dem Osmanischen Reich, bald aber auch mit Frankreich und England und anderen, zeigte sich, dass der Gendarm ein Koloss auf tönernen Füßen war, ein Bild, das schon die Zeitgenossen gebrauchten. Leo Tolstoi beschrieb, unter welchen Bedingungen die russischen Truppen gegen die britischen und französischen Soldaten auf der Krim kämpften. Die Truppen aus London waren per Schiff schneller auf der Krim als ihre russischen Gegner aus St. Petersburg, da es an Eisenbahnstrecken in Richtung Süden fehlte. Als Nikolaus 1855 starb, hinterließ er seinem Sohn Alexander II. eine gespaltene Elite im Inneren, eine zerrüttete und rückständige Ökonomie und eine außenpolitische Katastrophe. Der Gendarm Europas, der sich als Bewahrer der Legitimität gesehen hatte, war gescheitert.

## Reformen und Wachstum der Stadt

Ende Mai 1862 brachen unweit der Schtschukin-Handelsarkaden und dem Apraksin-Markt in der Nähe von Gostinnyj Dwor und Fontanka mehrere Feuer aus, die sich verdichteten. Innerhalb kurzer Zeit gingen etwa 6 000 Handelsstände im Herzen der Stadt in Flammen auf, das Feuer griff auf einige Teile des Innenministeriums über und bis zum Newski-Prospekt um sich. Es übersprang sogar die Fontanka und setzte Holzlagerstätten in Brand, so dass weitere Viertel der Stadt verheert wurden. Angesichts der Vielzahl von Toten und des völligen Versagens der kaum entwickelten Feuerwehr griffen Gerüchte um sich. Zur gleichen Zeit sah sich die Hauptstadt einer Welle von Studentenprotesten gegenüber: Die Studenten forderten die Revolution und prophezeiten in einem Manifest des „Jungen Russland", dass sie die Zarenmacht in ihren Häusern und auf den Straßen ihrer Hauptstadt treffen würden. Da dauerte es nicht lange, bis es hieß, die Studenten hätten den Apraksin-Markt in Brand gesetzt. Der Regierung und der Stadtverwaltung, die mit der Bekämpfung des Feuers heillos überfordert gewesen waren, mochten solche Behauptungen entgegenkommen. An diesem Feuer zeigten sich aber auch die Gegensätze und Spannungen nicht nur in der Stadt, sondern generell in der Frage der Zukunft Russlands.

Die „Großen Reformen" der Epoche Alexanders II. bilden auch für die Geschichte St. Petersburgs eine bedeutende Wegmarke. Der neue Zar hatte den Krimkrieg 1856 beendet. Er hatte die Zensur gelockert und von der Gesellschaft „Glasnost" (Transparenz) und „Perestroika" (Umbau) gefordert und damit Schlüsselbegriffe für die Debatte genannt, die unter Michail Gorbatschow in der Endzeit der Sowjetunion wieder aufgegriffen werden sollten. Die Justizreform, konzipiert von den Rechtsgelehrten der einflussreichen Petersburger Rechtsschule, entwickelte Russland in Richtung eines Rechtstaates weiter und war ein Schritt in Richtung Gewaltenteilung. 1870 erhielt die Stadt St. Petersburg ein erweitertes Stadtverwaltungsstatut, das die Gesellschaft für die Belange der Stadt interessieren sollte. Feuerwehr, Hygiene und Trinkwasserversorgung sowie die Fortentwicklung der Infrastruktur waren dringende Probleme. Insbesondere die Aufhebung der Leibeigenschaft nach 1861 setzte eine Mobilität frei, die sich auf die Bevölkerungsentwicklung der Stadt nachhaltig auswirkte. Sie forcierte Modernisierung und Industrialisierung im gesamten Zarenreich, in St. Petersburg aber im Besonderen. Die Hauptstadt geriet in das janusköpfige Dilemma der Urbanisierung, in dem sich andere europäische Metropolen schon früher befanden: Gab es um 1840 etwa 12 000 Arbeiter in den Fabriken, so waren es um 1880 bereits über 150 000. Während die Stadt in der ersten Hälfte des 19. Jahrhunderts um etwa 4 000 Einwohner auf eine knappe halbe Million im Jahre 1850 wuchs, verdoppelte sich in den folgenden beiden Jahrzehnten der jährliche Zuzug. In gewisser Hinsicht waren die Regierungszeiten der Zaren Nikolaus I. und Alexander II. jene Epoche, in der neben den imperialen Glanz die Kehrseite ungebremsten Stadtwachstums trat.

Wieder kann man den Heumarkt als Brennspiegel der Entwicklung betrachten. Während die Beschreibung bei Johann Georg Kohl noch einigermaßen idyllisch anmutet, wird in anderen Beschreibungen der 1860er- und 1870er-Jahre der Heumarkt zu einem Unort. Fjodor Dostojewski schilderte ihn in seinem 1866 erschienen Roman „Schuld und Sühne" als einen Ort des Verbrechens, der entmenschlichten Kreatürlichkeit und des üblen Geruchs. Auch die Wahrnehmung der Stadtobrigkeit entsprach diesem literarischen Bild: Wiederholt überlegte man, wie man die hygienischen Verhältnisse auf dem Platz ändern könne. Die Aufstellung öffentlicher Toiletten und von Waschplätzen behob das Problem nicht. Auch die Errichtung von vier festen Markthallen nach 1880 änderte in Anbetracht der Personenzahlen, die auf den Markt strömten, nicht viel. Zudem kam es zu einem massenhaft auftretenden Phänomen, dessen Zentrum der Heumarkt wurde und das die Stadt in dieser Form vor Aufhebung der Leibeigenschaft nicht gekannt hatte: Die Stadt wurde auch zur Hauptstadt der Bettler. 1884 nahm die Polizei über 8 000 Bettler, 1913 über 23 000 Bettler vorübergehend fest.

## Die Putilow-Werke

Ein Beispiel für die Entwicklung der sozialen und ökonomischen Verhältnisse in der Stadt sind die Putilow-Werke. Gegründet per Dekret von Kaiser Paul I. vom 28. Februar 1801 als St. Petersburger Staatliche Eisengießerei, wurden sie zunächst von britischen Industriellen geführt und produzierten mit Hilfe damals moderner Gusstechniken neben Kanonen und Munition auch Waagen, Gewichte, Straßenlampen und die ersten künstlerisch veredelten Eisenguss-Produkte, beispielsweise Lampen, Statuen, Brückengeländer. Viele der Statuen, die in den Werken in Bronze und Eisen gegossen wurden, sind heute noch in St. Petersburg zu sehen.

1854, während des Krimkrieges, wurde Nikolai Putilow (1820–1880) zum Kommissar für den Bau moderner eiserner Kanonenboote und Korvetten ernannt, zugleich stieg seine Manufaktur im großen Stil in die Produktion von Militärgütern ein. Putilow erhielt im Jahre 1868 einen Staatsvertrag zur Produktion von Eisen, Schienen, Lokomotiven und Waggons und wurde auf Weltausstellungen präsentiert. Die Werke wurden zum Synonym für Lokomotiven in Russland. Um 1900 waren dort 12 000, 1911 bereits 25 000 Arbeitnehmer beschäftigt. Als größter Rüstungsbetrieb waren die Putilow-Werke auch eine Kernzelle der Russischen Revolution. 1905 gingen von dort die Streiks aus, die zum Petersburger Blutsonntag führten; Ende 1916 begannen Massenentlassungen von Arbeitnehmern, und ebensolche standen am Anfang der Februarrevolution von 1917.

Bis zu diesem Zeitpunkt waren die Putilows zu einer der reichsten Unternehmerdynastien des Reiches und der Stadt aufgestiegen. Auch wenn sie in Wirtschaftskrisen gerieten, fanden sie doch in dem florierenden Bankenwesen der Hauptstadt immer wieder Kredit. Unter Alexei Putilow (1866–1926) wurde der Betrieb zum größten der Stadt. Sein Lebenswandels glich in der Prachtentfaltung dem der adligen Magnaten im 18. Jahrhundert; dieser Reichtum kontrastierte mit den Lebens- und Arbeitsbedingungen seiner Arbeiter: Männer, Kinder, Frauen. Es erstaunt nicht, dass die Herolde der Revolution, die sozialistischen Gruppierungen, gerade unter ihnen ihre Anhängerschaft fanden.

Nach der Oktoberrevolution wurden die Werke verstaatlicht und 1934 trugen sie nach dem ermordeten Leningrader Parteichef Kirow dessen Namen. Sie produzierten zunächst Traktoren, dann auch Rüstungsgüter. Das Ende der Sowjetunion überlebten die Kirow-Werke nur mit Mühe. Weit entfernt von vorrevolutionären Arbeiterzahlen beteiligt sich die privatisierte Firma heute an der Restauration der stählernen Brücken und ihrer gusseisernen Verzierungen der Stadt.

## Die revolutionäre Bewegung und der Zarenmord am Katharinenkanal

Die Zeit Alexanders II. mit ihrer Lockerung der Zensur förderte die systemkritischen Diskussionen in der Hauptstadt, in denen sozialistische und revolutionäre Ideen Eingang fanden, die sich seit der Zeit der Dekabristen und Petraschwezen weiter radikalisierten. Mitglieder der so genannten Intelligenzija, Personen, die sich über ihre Bildung, aber auch über ihre Staatsferne verstanden, beanspruchten die geistige Führerschaft des Fortschritts. Ihnen käme es zu, die Kluft zwischen der Elite, zu der sie sich selbst zweifellos zählten, und der Bevölkerung zu überwinden. Sie wollten nun die Erfahrungen aus ihrer langen Lehrzeit, die sie im nikolaitischen Russland hatten durchleben müssen, in die Tat umsetzen.

Nikolai Tschernischewski, Chefredakteur der staatskritischen Zeitschrift „Sowremennik" („Zeitgenosse"), spielte dabei Anfang der 1860er-Jahre eine Schlüsselrolle in St. Petersburg: „Was sollte", so schrieb er, „die wichtigste Eigenschaft eines Publizisten sein? Er muss diejenigen Aufgaben artikulieren und klarlegen, die zu seiner Zeit für seine Gesellschaft von Belang sind. Es ist nicht seine Aufgabe, ein leidenschaftsloser Gelehrter zu sein."

Sein berühmtestes Werk war der 1862 legal erschienene Roman „Was tun", „Schto delat", in dem er eine praktische Anleitung für ein revolutionäres Leben und Handeln gab. Für eine ganze Generation so genannter Nihilisten lieferte dieser Roman die Handlungsanweisung. Konspiration und gezielte revolutionäre Aktion waren Muster, die bis hin zu Lenin große Wirkungsmacht entfalteten.

In diesem Klima bildeten sich kleinere Zirkel, in denen Umsturzpläne geschmiedet wurden. Ein Mitglied der Gruppe „Junges Russland", der eine Brandstiftung in den Petersburger Handelsquartieren nachgesagt wurde, Dmitri Karakosow, schoss im Jahre 1866 auf Alexander II. In seinem Manifest unmittelbar vor dem Attentat legte Karakosow seine Motive dar: „… Denkt gründlich darüber nach Brüder, und Ihr werdet sehen, dass der Zar der erste Adlige des Volkes ist. Er streckt dem Volk nie die Hand entgegen, weil er selbst der schlimmste Feind des Volkes ist."

Das Attentat war das erste einer ganzen Reihe. Der terroristische Akt als Fanal sollte am Beginn einer neuen Gesellschaftsordnung stehen, und es schien gerade in St. Petersburg so, als gäbe es hierfür eine breite Sympathie in der Öffentlichkeit. Als Beispiel hierfür mag der Prozess gegen Wera Sassulitsch stehen, die auf den Gouverneur von St. Petersburg, General Trepow, 1878 einen Anschlag verübt hatte. Trepow hatte einen politischen Gefangenen ausgepeitscht, nachdem dieser Trepow beim

Überqueren eines Gefängnishofes nicht gegrüßt hatte. Am 24. Januar 1878 bat Sassulitsch Trepow um eine Audienz. Sie wartete, wie sie selbst schrieb, bis sie aufgerufen wurde, betrat dann sein Büro, zog vor mehreren Zeugen einen Revolver und schoss. Trepow wurde verwundet. Die Regierung wollte dieses politische Attentat vor einem ordentlichen Gericht verhandeln und darüber in den Zeitungen berichten lassen. Weder der Prozess noch die Zeitungsberichterstattung entwickelten sich jedoch wie von der Regierung erwartet. Der Justizminister Graf Pahlen ließ den Vorsitzenden Richter Anatoli F. Koni fragen, ob er ein „schuldig" garantieren könne, denn: „In diesem verdammten Fall hat die Regierung das Recht, vom Gericht besondere Dienste zu erwarten." Koni erwiderte jedoch, dass das Gericht Urteile fälle, aber keine Dienste leiste. Die Verteidigung nutzte diese Stimmung. Die Geschworenen wurden als „Gericht des Volksgewissens" angesprochen, die Attentäterin wurde freigesprochen und das Publikum im Saal wie auch ein großer Teil der Presse reagierte mit Beifall. Der Ausgang zeigte deutlich, welche Kluft zwischen Regierung und öffentlicher Meinung in der Hauptstadt entstanden war. Auch im Verwaltungsapparat selbst saßen die immer zahlreicher werdenden Verbündeten gegen die Staatsform.

Nach mehreren Attentatsversuchen auf Alexander II. hatten die Terroristen einer Organisation, die sich „Volkswille" („Narodnaja Volja") nannte, schließlich Erfolg. Alexander hatte am Morgen des 13. März 1881 die Parade abgenommen und fuhr am Katharinenkanal entlang zurück in den Winterpalast. Eine Bombe wurde geworfen, die Kosaken der Begleitmannschaft und Passanten tötete. Alexander ließ die Kutsche anhalten, um sich um die Opfer zu kümmern. Jemand soll ihm aus der Menge die Frage zugerufen haben, ob er verletzt sei. Er antwortete „Nein, Gott sei Dank". „Es ist zu früh, Gott zu danken", rief da ein anderer und warf eine zweite Bombe. Folgendes Bulletin war kurze Zeit später zu lesen:

„Vom Minister des Innern

Heute, den 1. März um dreiviertel auf 2 Uhr nachmittags, ist seine Majestät der Zar auf dem Rückwege vom Ingenieurspalast, wo er einer Wachparade beizuwohnen geruht hatte, auf dem Quai des Katharinenkanals vor der Stallhofbrücke, durch unter den Wagen geworfene Sprengbomben lebensgefährlich getroffen worden, indem beide Beine unterhalb der Knie zerschmettert wurden. Einer der zwei Verbrecher ist ergriffen worden. Der Zustand seiner Majestät ist aufgrund des Blutverlustes hoffnungslos."

Die Terrorgruppe „Narodnaja Wolja" schien sich mit der Ermordung des „Befreierzaren" Alexander II. auf dem Höhepunkt ihrer Geltung zu befinden. Das Exekutivkomitee der Organisation wandte sich sofort an seinen Sohn und Nachfolger Alexander III.:

„Die blutige Tragödie, welche sich am Katharinenkanal abgespielt hat, war keine Fügung des Zufalls und hätte niemanden überraschen sollen. Nach all den Vorgängen der letzten Jahre erschien sie vielmehr als unvermeidliche Notwendigkeit; und derjenige, den das Schicksal an die Spitze des Staates gestellt hat, muss sich der tieferen Bedeutung vollständig bewusst sein. Nur wer gänzlich unfähig ist, das Leben der Völker zu analysieren, wird Ereignisse dieser Art als Verbrechen einzelner Individuen oder gar einer ‚Bande' zu bezeichnen vermögen … Aber warum denn diese traurige Notwendigkeit eines blutigen Kampfes? Darum Majestät, weil wir keine Regierung im eigentlichen Sinne des Wortes haben. Eine Regierung muss, nach dem Prinzip ihres Wesens, Ausdruck dessen sein, was das Volk will, und sie darf nur den Volkswillen verwirklichen. Bei uns jedoch – entschuldigen Sie den Ausdruck – ist die Regierung vollständig zu einer Kamarilla ausgeartet und verdient den Namen einer Usurpatorenregierung viel eher als wir. Welche Absichten der Kaiser auch hegen mag, die Handlungen der Regierungen haben nichts gemein mit den Bestrebungen und der Wohlfahrt des Volkes."

Es folgte allerdings keine Erhebung, nicht einmal eine Solidarisierung mit den Attentätern. Die Sympathie der öffentlichen Meinung für den Terror war zunächst dahin. Alexander II. hatte für sein Land eine defensive Modernisierung im Sinne gehabt. Die reaktionäre Politik seiner Nachfolger Alexander III. und Nikolaus II. tat allerdings wenig, um der Selbstherrschaft wieder mehr Anhänger zu verschaffen.

# Das Petersburg der Moderne und der Revolutionen

## Die Stadt auf dem Weg ins 20. Jahrhundert

Die letzten Jahrzehnte des 19. Jahrhunderts waren in mehrfacher Hinsicht eine Phase, in der die Erscheinungen der Moderne St. Petersburg vielfältiger machten. Die steinerne Architektur der Zaren war unter anderem deshalb so dominant gewesen, weil viele der Arbeiterviertel aus Holz gebaut waren. Nun begann massiv der Bau von Mietskasernen, die Fassadenfluchten zentrumsnaher Straßen wurden überlagert durch Werbetafeln der Geschäfte, Fabriken und Cafés. Aber auch die Zaren selbst trugen zu dieser Vielfalt bei. Alexander III. ließ 1883 damit beginnen, an jenem Ort, an dem sein Vater ermordet wurde, eine Kirche zum Gedenken zu erbauen. Die so genannte Bluterlöser-Kirche wurde nach dem Vorbild der Moskauer Basilius-Kathedrale errichtet: Elemente des „Stil modern" (Jugendstil) wurden während der langen Bauzeit integriert. Als die Kirche 1912 am Katharinenkanal zur Hundertjahrfeier des Sieges über Napoleon und zum 300-jährigen Jubiläum der Romanow-Dynastie 1913 von Zar Nikolaus II. eröffnet wurde, hatte der Architekt Alfred Parland einen Bau geschaffen, der sich stark von den Gebäuden der Umgebung abhob. Er zeigte aber zugleich das Bestreben der beiden letzten Zaren an, auch in St. Petersburg die russischen Wurzeln der Dynastie und des Staates zu betonen. Aufwändige Inszenierungen von Feierlichkeiten wie zum 200. Jubiläum der Stadt, das die Spannung zwischen der Vision des Stadtgründers und der Notwendigkeit, vermeintlich russischer Traditionen zu betonen, zeigte, oder das Jubiläum der Dynastie schufen in Petersburg keine dauerhafte Loyalität zum letzten Zaren Nikolaus II. Ob derartige Feste die vielen Menschen der Metropole zu erreichen vermochten oder ob ihre Symbolik nicht ohnehin nur für die Eliten lesbar war, mag dahingestellt bleiben.

Auch hatte die Stadt am Ende des 19. Jahrhunderts drängendere Probleme als die Frage, ob Alexander III. den Winterpalast oder den Anitschkow-Palast an der Fontanka als Residenz seiner Familie bevorzugte: Was in London, Berlin und anderen europäischen Großstädten schon Jahrzehnte beobachtet werden konnte, setzte nun auch an der Newa ein. St. Petersburg war zwar bei weitem nicht das einzige industrielle Zentrum im Zarenreich, doch um 1900 wurde hier immerhin ein Fünftel der gesamten russischen Industrieproduktion hergestellt. Auf der so genannten Wyborger Seite und der Petersburger Seite entstanden gewaltige Stahl verarbeitende Betriebe, die den Putilow-Werken Konkurrenz machten. Im Unterschied zu Moskau waren es hier nicht in erster Linie die Kaufleute, die zu erfolgreichen industriellen Unternehmern wurden. Vielmehr waren es die Banken, die Konsortien zusammenstellten und Betriebe finanzierten. Auch der Staat unterstützte mit Krediten die Finanzierung von Unternehmen und Banken in der Hauptstadt und andernorts. In der Konzeption des langjährigen Finanzministers Sergei Witte sollte dieser staatliche Impuls zu einer sich selbst tragenden Industrialisierung führen. Insgesamt ging die Rechnung trotz der wirtschaftlichen Turbulenzen, die die Niederlage im Krieg gegen Japan 1904/05 und der ersten russischen Revolution bedeuteten, scheinbar auf. Am Vorabend des Ersten Weltkrieges zeigten die Produktionsziffern steil nach oben. St. Petersburg war eine „Boomtown".

Zwischen 1870 und 1890 betrug der Zuzug in die Stadt durchschnittlich 15 000 Personen; nach 1890 waren es jährlich 50 000 Personen. Lebten um die Mitte des 19. Jahrhunderts 500 000 Menschen in der Stadt, waren es vor Ausbruch der Revolution 2,2 Millionen Einwohner. Das russische Ständerecht bildete hierbei bis zum Ende des Zarenreiches die Arbeits- und Lebenswirklichkeit kaum ab. Wenn 1897 80 % der Einwohner der Kapitale als Bauern und Kleinbürger gezählt wurden, bedeutete dies vor allem, dass sie mit einem Pass in die Stadt gekom-

◀ Die Bluterlöser-Kathedrale am Katharinenkanal wurde an jenem Ort errichtet, an dem Alexander II. 1881 ermordet wurde.

men waren, den die Dorfgemeinde ausgegeben hatte und der sie verpflichtete, ihre Steuern in der Heimat zu zahlen. In Petersburg lebten sie in einer der zahlreich aus dem Boden schießenden Vorstädte, die sich an die Industriebetriebe anlagerten.

Einerseits lag das Lohnniveau in St. Petersburg in den Jahrzehnten forcierter Industrialisierung und rasanten Städtewachstums über dem des gesamten Zarenreiches. Andererseits waren aber auch die Lebenshaltungskosten höher. Die Existenz der Arbeiter war immer von Unsicherheiten bedroht: Bis zur Revolution existierte keine umfassende Sozialgesetzgebung, so dass Krankheit und Verlust des Arbeitsplatzes leicht zur individuellen Katastrophe werden konnten. Als sich der Staat nach 1892 dazu verstand, eine Fabrikgesetzgebung einzuführen, die die Arbeitswoche auf sechs Tage und den Arbeitstag auf 12 Stunden, vor allem aber Kinder- und Frauenarbeit begrenzte, war nur ein erster Schritt getan, dem keine weiteren folgten. Straßenkinder, Armutsprostitution und Unterschichtengewalt verbreiteten sich um die Jahrhundertwende weit stärker als in anderen europäischen Metropolen. Alkoholismus wurde zum Massenphänomen, das mit der steigenden Gewalt korrelierte.

Die städtischen Institutionen, die mit Armenfürsorge befasst waren, und die zahlreichen wohltätigen Privatinitiativen und Hilfsvereine, die sich im ausgehenden 19. Jahrhundert bildeten, nahmen die Probleme durchaus wahr, zeigten sich aber überfordert. Zwar wurde in zahlreichen Zeitschriften und an den Hochschulen der Stadt das Problem diskutiert, doch eine strukturelle Lösung war nicht in Sicht. Ein Angehöriger der sozial engagierten Intelligenzija charakterisierte die Situation mit folgenden Worten:

„Die Kinder, vor deren Augen sich alle Details aus dem Leben der Erwachsenen abspielen, zuweilen schmutzige Szenen der Sittenlosigkeit, diese Kinder machen sich stets mit all dem Schmutz, mit allen Kehrseiten des praktischen Lebens bekannt und verfallen vorzeitig dem verderbenden Einfluss des Milieus. Die Erwachsenen andererseits, die keine eigenen Zimmer haben, sind natürlich nicht in der Lage, die so genannten Reize des Hausherdes zu schätzen: Aus schmutzigen dumpfen Wohnungen lockt es sie auf die Straßen ins Wirtshaus, und es steht außer

Die Folgen von Städtewachstum und Industrialisierung: Bäuerliche Lebensweise der Arbeitsmigranten in einer Petersburger Vorstadt um 1900.

Zweifel, dass die abscheulichen Verhältnisse des Winkelbewohners eine der wichtigsten Ursachen des Alkoholismus bilden."

Manche, die das Problem der Armut sahen, schlugen eine Begrenzung des Zuzugs in die Stadt vor und warnten zugleich vor dem Eisenbahnbau, der den Massen den Zuzug in die Stadt ermöglichte. Beginnend mit dem Nikolaewer (Moskauer) Bahnhof und der Eisenbahnlinie in die zweite Hauptstadt wuchs um den Kern der Hauptstadt ein Kranz von Kopfbahnhöfen, die St. Petersburg trotz seiner Lage am Rande des Zarenreiches verkehrsmäßig erschlossen. Der Finnische Bahnhof, der Rigaer Bahnhof, der Witebsker Bahnhof und der Warschauer Bahnhof zeigten als „Tore zur Außenwelt" (Frithjof Benjamin Schenk) diese Vernetzung an. Und über die Eisenbahn kamen in der Tat die vielen, die sich von der Stadt trotz der Lebensbedingungen nicht schrecken ließen. Für manche, die so in die Stadt kamen, war dies vielleicht das einzige Mal, dass sie das glänzende gelangten der Stadt auf dem Weg in ihr Vorortviertel durchquerten. An der Wende vom 19. zum 20. Jahrhundert schulterte der öffentliche Personennahverkehr über Trambahnen und Droschkentaxis nur ein Fünftel der Fahrgäste, die in Berlin transportiert wurden.

> „Das einfache Volk setzt sich in den Zug und hofft, mit einfachen Tätigkeiten in der Hauptstadt gutes Geld zu machen. Oft aber trügt die Hoffnung, sie finden keine Arbeit und schnell bitten sie um Almosen, um wieder in die Heimat zurückkehren zu können. Das ist der erste Schritt zur Bettelei." (Stadthauptmann Clayhills, 1897)

Der Staat beschränkte sich in der Stadt auf Kontrolle und Sicherung der Ordnung. Das unter Alexander III. geschaffene Amt des Fabrikinspektors machte diese Doppelaufgabe deutlich: Er hatte sich in den Fabriken der Stadt weniger um die Qualität der Arbeitsbedingungen zu kümmern, als um die Herstellung von Ruhe. Dabei wurde er von Militär- und Polizeiposten in den Fabriken unterstützt. Die Fabrikanten sahen die Regulierung der Ordnung auf den Werksgeländen als ihre patriarchalische Aufgabe. Gleichzeitig beschränkte der Staat 1892 in einer neuen Stadtordnung die Stadtduma durch ein neues Wahlrecht. Zwar besaß sie ein repräsentatives Gebäude auf dem Newski-Prospekt neben den Handelsreihen, doch ihr Engagement in Angelegenheiten der Stadt blieb überschaubar. Es bedurfte jahrelanger Diskussionen, bevor weitere Straßenbahnen oder neue Brücken, etwa die Troitzki-Brücke im Jahre 1903, auf die Petrograder Seite, gebaut wurden.

Dies bedeutete jedoch nicht, dass es kein politisches Interesse, Unzufriedenheit mit der eigenen wirtschaftlichen Lage oder den massiven Wunsch nach freier Öffentlichkeit und Beteiligung gab. Letztere zeigte sich je nach Milieu ganz unterschiedlich. Am Beginn des 20. Jahrhunderts hatten die Arbeiter St. Petersburgs gelernt, dass sich Streiks im Kampf mit den Unternehmern als Mittel einsetzen ließen, um ökonomische Forderungen durchzusetzen. Die revolutionären Parteien organisierten sich im Untergrund und versuchten auf die Arbeiterschaft

Einfluss zu nehmen, was freilich nicht immer gelang: In der Regel wussten die Arbeiter sehr gut ihre eigenen Interessen einzuordnen, auch wenn sie die Hilfe gesellschaftlicher Organisationen durchaus in Anspruch nahmen.

In St. Petersburg explodierte gleichsam das Vereinswesen. Berufsgruppen gründeten Hilfs- und Bildungsvereine; Angehörige der liberalen Intelligenz versuchten die Lesefähigkeit der Arbeiter über Lesestuben, die in den Betrieben organisiert wurden, zu erhöhen. Die Einrichtung von Armenküchen und Teestuben, Kampagnen gegen den Alkoholismus unter den vielen, die das Schicksal in der Stadt desillusionierte, zeigten eine Entfernung der Masse der Stadtbevölkerung und Teilen der Elite von Regierung und Stadtobrigkeit. Nikolaus II. selbst hatte, kurz nachdem er 1894 Zar geworden war, die Hoffnungen auf eine Reform als sinnlose Träume bezeichnet. Wie gespannt die Situation war, zeigte die Petersburger Universität. Dort kam es regelmäßig am 8. Februar, dem Jahrestag der Gründung, zu kleineren Ausschreitungen unter den Studenten, die in einer Kombination aus ausgelassenem Feiern, Hang zu Krawall und Alkohol begründet lag. Im Jahre 1899 wurde dies jedoch mit einem Protest gegen die Gängelung der Universitäten verbunden: Die Studenten traten in einen Streik, dem sich andere Hochschulen und Gymnasien der Stadt anschlossen und der bald auf das ganze Land übergriff.

## Die Revolution von 1905

Als im Februar 1904 der Krieg gegen Japan ausbrach, wurde bei den Rekrutenverabschiedungen auf dem Moskauer Bahnhof und bei den inszenierten patriotischen Demonstrationen auf dem Schlossplatz deutlich, dass die Begeisterung der Petersburger für den Krieg im Fernen Osten gering war. In den Jahren zuvor hatte man versucht die Streikwellen in Petersburg und andernorts einzudämmen, indem man staatlich sanktionierte Hilfsvereine für Arbeiter zuließ, die Unmut und Widerstand kanalisieren sollten. Nun formierte sich jedoch Ende des Jahres 1904 ein breiter Protest. Die fortgesetzten Niederlagen

Eine der Ursachen des Protestes am Beginn des 20. Jahrhunderts waren Verelendung und soziale Spannungen: Armenküche am Beginn des 20. Jahrhunderts.

im Krieg gegen Japan wurden als symptomatisch für das Versagen des Systems angesehen. In Petersburg, Moskau und anderen Städten versammelte man sich, da Demonstrationen verboten waren, auf Banketten in den Häusern Liberaler und forderte neben sozialen Anliegen freie, geheime und gleiche Wahlen. Auch Arbeiter und Studenten kamen hinzu. Ein zunächst vom Generalgouverneur Petersburgs, I. A. Fullon, gebilligter Arbeiterverein unter der Führung eines Popen namens Gapon, der revolutionärer Umtriebe unverdächtig erschien, organisierte den Arbeiterprotest in Petersburg.

## Gapon, Geschichte meines Lebens

„Ich konnte mich des Gefühls nicht erwehren, dass der Tag, an dem die Freiheit den Händen unserer alten Unterdrücker entwunden würde, nahe bevorstand, und gleichzeitig befürchtete ich zutiefst, dass diese Bemühungen wegen der fehlenden Unterstützung durch die Massen scheitern könnten. Ich kam mit mehreren intellektuellen Liberalen zusammen, und fragte sie, was die Arbeiter ihrer Meinung nach tun könnten, um der Befreiungsbewegung zu helfen. Sie gaben mir den Rat, wir sollten gemeinsam eine Petition abfassen und der Regierung übergeben. Ich glaubte jedoch, eine solche Petition sei nur von Wert, wenn sie von einem großen Streik der Industriearbeiter begleitet würde."

Der Anlass für die Streiks war die Entlassung von vier Arbeitern, die Gapons Verein angehörten, in den Putilow-Werken. Dort hatte die Leitung zudem versucht eine Gegengewerkschaft zu gründen. Gapon rief also den Streik aus, der sich rasend schnell in der Stadt ausbreitete. Am 8. Januar 1905 befanden sich bereits 120 000 Arbeiter im Ausstand. Der Strom war gesperrt und Generalgouverneur Fullon, der bis zu diesem Zeitpunkt durchaus intensive Kontakte mit Gapon hatte, ließ die öffentlichen Plätze räumen. Er wusste wie die Regierung des Zaren, was die Arbeiter planten. Die Arbeiter hatten Delegierte zu dem Staatsamann Sergei Witte entsandt, um eine Audienz bei Nikolaus II. zu erwirken. Doch trotz der anschwellenden Unruhe hatte sich der Zar nach Zarskoje Selo begeben. Gapon griff nun die frühneuzeitliche Tradition auf, sich unter Umgehung der Bürokratie in Situationen der Not mit einer Bittschrift unmittelbar an den Herrscher zu wenden. Die Punkte dieser Petition, an denen auch Mitglieder der liberalen Bewegung und der jungen russischen Sozialdemokratie mitarbeiteten, enthielten nicht nur soziale Forderungen wie die Wiedereinstellung der entlassenen Arbeiter, Mindestlöhne und Arbeitszeitbegrenzungen, sondern auch den Ruf nach Bürgerrechten und einer Verfassung auf der Basis einer parlamentarischen, konstitutionellen Monarchie. Obwohl in respektvollem Ton gehalten, war dies ein ebenso deutlicher wie umfassender Forderungskatalog, der die Wünsche verschiedener Oppositionsgruppen über die Arbeiterschaft der Hauptstadt hinaus bündelte.

## Aus der Petition Gapons zum 9. Januar 1905

„Majestät, Wir Arbeiter und Bewohner von St. Petersburg verschiedener Stände, unsere Frauen, unsere Kinder und unsere betagten hilflosen Eltern sind zu Dir, Gossudar, gekommen, um Gerechtigkeit und Schutz zu suchen. Wir sind verelendet, wir werden unterdrückt, über unsere Kraft mit Arbeit belastet …"

Am 9. Januar 1905 zogen über 150 000 Menschen unter der Führung Gapons aus verschiedenen Stadtteilen über den Newski in Richtung Winterpalast, um ihre Petition zu überreichen. Obwohl die Demonstration angekündigt war, wussten die Behörden nicht, wie sie reagieren sollten. Der Innenminister wie der Generalgouverneur hatten für die Truppen in der Stadt keine klare Handlungsanweisung gegeben. Der gewaltige Zug hatte friedlichen Charakter, Zarenportraits und Ikonen wurden vorangetragen. Die Menge sang das Gebet „Rette die Deinen, o Herr". Bevor sie jedoch den Schlossplatz erreichte, ließen überforderte Offiziere das Feuer eröffnen. Straßenkämpfe in verschiedenen Stadtvierteln Petersburgs waren die Folge. Am Ende des Tages waren einige hundert Tote und Verletzte zu beklagen.

Die liberale Opposition und die revolutionären Parteien schrieben der Autokratie als System die Schuld an der Eskalation der Gewalt zu. Der Tag ging als Petersburger „Blutsonntag" in die Geschichte ein. Er wird nicht selten als der Zeitpunkt genommen, an dem der „Mythos vom guten Zaren", der durch Bürokratie und Ordnungsgewalten abgeschirmt zum Wohle des Volkes wirken wolle, aber nicht könne, schwer beschädigt wurde.

Die Revolution war entfesselt: Von St. Petersburg aus verbreiteten sich Streiks und Unruhen in Moskau, Riga und anderen großen Städten des Reiches. Bald trat auch Unruhe auf dem Land hinzu. Zentraler Schauplatz aber blieb die Hauptstadt und der dortige Verlauf der Revolution. Vor dem Hintergrund von Terror und Streikbewegung ließ sich Nikolaus widerwillig

Kosaken treiben die Demonstranten am Petersburger „Blutsonntag" mit der Peitsche auseinander. Historisch nicht ganz korrekte Darstellungen wie diese prägten das Bild in der Bevölkerung. – Gemälde von Erich Gerlach.

dazu bewegen, auf die Bevölkerung zuzugehen. Er empfing ausgewählte Arbeiter im Winterpalast, „verzieh" ihnen ihre Auflehnung und versprach die Einrichtung einer Kommission, die die Ereignisse des Blutsonntags und die ökonomischen, nicht aber die politischen Forderungen der Arbeiter untersuchen sollte. Nach langem Zögern versprach Nikolaus die Einrichtung eines beratenden Parlaments, einer Duma. Diese Ankündigung genügte freilich weder den Arbeitern noch den Vertretern der Intelligenzija.

Faktisch war die Zensur gefallen, Universität und Hochschulen in der Stadt streikten. Auch eher konservative Gallionsfiguren des kulturellen Lebens wie der berühmte Komponist Nikolai Rimski-Korsakow solidarisierten sich mit der Bewegung und wurden dafür vorübergehend mit Berufsverboten belegt. In diesem Klima gründeten sich ganz ohne staatliche Erlaubnis im März und April 1905 gewerkschaftsähnliche, berufsständische Verbände. Menschewiki und Bolschewiki innerhalb der russischen Sozialdemokratie sowie die agrarisch orientierten Sozialrevolutionäre waren sich hingegen über die von der Opposition zu erreichenden Ziele uneinig. Insbesondere die Führung der Bolschewiki um Wladimir Lenin beargwöhnte in seinem Schweizer Exil die „gewerkschaftliche" Zielsetzung der Streiks. Für ihn stellte sich die Frage, ob die Arbeiterklasse für eine Revolution in Russland schon bereit war. Überrascht von den Protesten, glaubte er dies trotz deren Ausmaße nicht.

Das im August 1905 verkündete Wahlgesetz zur Duma stellte für nahezu alle gesellschaftlichen Gruppierungen eine Enttäuschung dar: Ein Kurienwahlsystem, dem ein starker Zensus zugrunde lag, schloss weite Teile der Bevölkerung, insbesondere aber der Arbeiterschaft und der Städter, von den Wahlen aus. Im September 1905 begannen die Vorbereitungen für einen Generalstreik. Er wurde im Oktober von weiten Teilen der Gesellschaft mitgetragen und fand selbst bis in die Bürokratie des Zaren hinein Sympathisanten. In St. Petersburg brach die Stromversorgung zusammen, Geschäfte schlossen. Internationale Bankiers, mit denen Sergei Witte über eine Rettung der zerrütteten russischen Staatsfinanzen verhandelte, saßen im berühmten Grand-Hotel „Europa" am Newski im Dunkeln. Angesichts des Drucks stellte Witte den Zaren auf dessen Sommersitz Peterhof vor die Wahl, entweder den Weg der Reformen konsequent zu gehen, oder aber eine Militärdiktatur zu errichten und damit das Land faktisch in einen Bürgerkrieg zu stürzen. Da auch seine engsten Berater nur noch den Weg der Reformen sahen, unterzeichnete der Zar schließlich das Oktobermanifest vom 17. Oktober 1905, das der Bevölkerung bürgerliche Freiheiten, den Wegfall der Zensur und eine Verfassung in Aussicht stellte.

Auf den Straßen der Hauptstadt war die Freude zunächst groß. Zehntausende kamen an diesem Tag trotz strömenden Regens auf den Schlossplatz und entrollten rote Transparente mit der Aufschrift „Versammlungsfreiheit". Sie schienen das erreicht zu haben, was am Blutsonntag noch in der Katastrophe geendet hatte. Nikolaus II. aber war der Meinung, ihm sei das Manifest aufgezwungen worden. „Du kannst Dir nicht vorstellen, was ich vor diesem Augenblick innerlich durchgemacht habe … Es blieb kein anderer Ausweg, als sich zu bekreuzigen und zu bewilligen, wonach jedermann rief", schrieb der Zar an seine Mutter.

Erst jetzt merkten die Revolutionäre, dass sie die Chance auf einen Systemwechsel verpasst hatten. Sie gingen dazu über, den bewaffneten Aufstand zu propagieren. Monarchisten, Unternehmer und Teile der Liberalen fürchteten hingegen die Unkontrollierbarkeit des Protests. In der Tat war in diesen „Tagen der Freiheit" bis zum Dezember 1905 die zarische Autorität völlig zusammengebrochen, nicht zuletzt, weil durch den Streik der Post- und Telegraphenbediensteten die Kommunikation im Lande vorübergehend unterbrochen war.

In diesen Monaten entstanden überall „Räte" (Sowjets), in denen Arbeiter und Soldaten in einer überparteilichen, basisdemokratischen Form ihre Interessen durchsetzen wollten. Der Sowjet der Hauptstadt war nicht der Erste, gewann aber eine Leitfunktion für andere Räte im Reich. Der Sitz der arrivierten Freien Ökonomischen Gesellschaft in St. Petersburg öffnete dem Sowjet seine Türen als Tagungsort. Ende 1905 kam es dort jedoch zum Konflikt zwischen den Arbeitern und den Berufsrevolutionären, die versuchten den Sowjet zu lenken. Auch ein von dem Menschewisten Alexander Parvus-Helphand entwickeltes Finanzmanifest des Sowjets, welches die Verweigerung jeglicher Steuerzahlung und den Abzug aller Edelmetall- und Spareinlagen von Banken und Sparkassen propagierte, um den Staat in den Bankrott zu zwingen, hatte letztlich keinen durchschlagenden Erfolg.

Stattdessen ging die Regierung unter dem zum Ministerpräsidenten ernannten Witte im Rahmen ihrer zweigleisigen Taktik – einerseits Zugeständnisse, andererseits Durchsetzung der staatlichen Autorität mit Gewalt – zum Gegenangriff über. Anfang Dezember wurde der ganze Petersburger Sowjet, darunter Leo Trotzki, verhaftet.

Die Jahreswende 1905/06 brachte ein Abflauen der Streiks und Unruhen. Im April 1906 traten die Staatsgrundgesetze des Russischen Reiches in Kraft, zugleich konstituierte sich das erste halbdemokratisch gewählte Parlament, die Duma. Die Zeremonie zur Eröffnung war bezeichnend: Der Duma war das Taurische Palais als Tagungsort zugewiesen worden. Sein Selbstverständnis als unumschränkter und nur vor Gott verantwortlicher Monarch verbot es Zar Nikolaus jedoch, zu den Volksvertretern zu kommen. Er bestellte die Abgeordneten mit den ernannten Mitgliedern des als Oberhaus fungierenden Reichsrates im Thronsaal des Winterpalastes ein. Der Zar in prachtvoller Uniform mit Orden und Abgeordnete aus dem Milieu der städtischen Unterschichten oder der Intelligenz im schlichten, vielleicht geliehenen Gehrock – nichts machte deutlicher, dass sich Nikolaus kaum an die im „Oktobermanifest" gegebenen Zusagen gebunden sah. Der deutsche Soziologe Max Weber sprach daher 1906 von „Scheinkonstitutionalismus" in Russland.

Immerhin: St. Petersburg und das Reich sahen nun Abgeordnete verschiedener liberaler, konservativer und einer sozialistisch orientierten Partei über ihre Geschicke beraten. In den Klubs und Salons diskutierten die muslimischen, armenischen und polnischen Abgeordneten mit national gesonnenen Russen über die Zukunft des Imperiums. Parteien und Gewerkschaften hatte es zuvor nicht gegeben. Die vielen neuen Zeitungen und Zeitschriften führten zu einer Explosion städtischer Öffentlichkeit. So trug die Revolution von 1905, geboren aus dem verlorenen Krieg gegen Japan und den sozialen Spannungen im Land, das Ihre dazu bei, St. Petersburg zum „Laboratorium der Moderne" (Karl Schlögel) zu machen.

## Die Stadt am Beginn des 20. Jahrhunderts

1913 existierten nicht zuletzt aufgrund der Errungenschaften der Revolution 550 Zeitungen und Zeitschriften in St. Petersburg. Dies war immerhin ein Viertel der damaligen Druckproduktion im gesamten Russischen Reich. In der Millionenmetropole las ein gewaltiges Publikum das, was es interessierte. Das konnten im Fall der zunehmend alphabetisierten Arbeiterinnen und Arbeitern christliche Unterweisungsbücher, Flugblätter, sozialistische Broschüren oder Abenteuerromane sein, die in Lesezirkeln und Lesestuben bereitgestellt wurden. Das konnten aber auch Frauenjournale oder Fachzeitschriften für ein bürgerliches Bildungspublikum sein. Verlage und Pressehäuser blühten.

St. Petersburg war also ein pulsierender Ort der Moderne. Fuhr man mit dem Auto oder der Straßenbahn den Newski entlang oder besuchte den „Großen Prospekt" auf der in Mode kommenden Petersburger Seite, bot sich der Anblick der neuen Welt des Kinos. Seit der letzten Dekade des 19. Jahrhunderts gab es die ersten Filmpaläste in der Stadt, seit 1907 produzierte das Filmstudio der Brüder Drankowitsch Filme, die auf große Resonanz stießen, von populären Krimistoffen bis zu Filmen mit historischen Themen. Die großen Kinosäle wie das „Parisiana" auf dem Newski fassten an die tausend Zuschauer. Vielleicht waren die etwa 150 Kinotheater um 1913 die einzigen Orte in Petersburg, an denen so viele Milieus der Stadtbewohnerschaft zusammenkamen und sich von den Stummfilmen faszinieren ließen.

Aber nicht nur hier ging technische Innovation mit künstlerischem Aufbruch einher. Die Gruppe „Welt der Kunst" um den Maler Alexander N. Benois und den Theaterschaffenden Sergei P. Djagilew bot mit ihrer gleichnamigen Zeitschrift ein europaweit beachtetes Forum für avantgardistische Strömungen in Kunst, Theater und Musik. Eng verbunden mit der in Petersburg starken literarischen Strömung des Symbolismus – Sinaida Gippius und Dmitri Mereschkowski wären hier beispielhaft zu nennen – wandten sich diese Künstlerinnen und Künstler gegen den im 19. Jahrhundert so erfolgreichen Realismus als Ausdrucksform. Konkrete Ergebnisse der Diskussionen waren das „Ballet Russe" von Djagilew und Leon Bakst, das in ganz Europa und der Neuen Welt Erfolge feierte, und für Petersburg wohl noch bedeutender der Roman „Petersburg" von Andrei Belyi. Er schrieb den von Puschkin, Gogol und Dostojewski begonnen „Petersburg-Text" in der Literatur fort, indem er eine Stadt entwarf, die sich vor dem Hintergrund der Revolution von 1905 in ihren Konturen aufzulösen schien.

Dieses Gefühl mochte in diesen Jahren so mancher in der Millionenstadt haben. Fjodor Schaljapin, der Startenor, reüssierte auf den Bühnen der Hauptstadt und als Bohemien. Die Lebenswelt eines Dumaabgeordneten und Professors wie jene des Historikers Pawel Miljukows überschnitt sich wenig mit der des populären, rechtskonservativen Geistlichen Johann von Kronstadt und noch weniger mit der der Handelsgehilfen, Facharbeiter und bäuerlichen Migranten. Die Diskussion um Russlands Weg zwischen Konservatismus, Sozialismus und Liberalismus wurde unter den Intellektuellen streitbar geführt. Ein Resultat war der Sammelband „Wegzeichen" („Wechi"), dessen Autoren um Nikolai Berdjajew glaubten, Russland stünde an einem Scheideweg der Entwicklung und Petersburg in deren Zentrum.

Der Zar selbst schien die Vielfalt und die Probleme seiner Millionenhauptstadt kaum zur Kenntnis nehmen zu wollen. Die Petersburger Feiern im neorussischen Stil zum Jubiläum der Dynastie im Jahre 1913 waren prunkvoll und mochten eine Unterstützung der Bevölkerung für die Romanows vorgaukeln, doch handelte es sich bei allem Glanz um eine Flucht vor den Spannungen in der Stadt und im Imperium.

Die Gegensätze zwischen den Lebenswelten und Interessen der Eliten und der Massen zeigten sich nicht nur in unterschiedlichen Kultur- und Freizeitinteressen. Sie ließen sich auch in der Architektur am Durchbruch zum 20. Jahrhundert sehen. Ein Großteil der Stadt bestand aus gesichtslosen Mietskasernen, die zum Gegenstand der Spekulation wurden, insbesondere, als nach den Wirren der Revolution 1905 die Konjunktur in der Stadt wieder ansprang. Zugleich drückten Architekten und Hausbesitzer ihren Geschmack in repräsentativen Fassaden des „Stil modern" (Jugendstils) aus. Bauten wie das Mietshaus des Emirs von Buchara auf dem Kamonoostrowski-Prospekt oder die amerikanische Maschinenfabrik Singer auf dem Newski, von Pawel Sjusor gestaltet, waren mit reichen Schmuckelementen verziert. Stahl und Glas wurden verbaut. Vom Klassizismus war man schon lange zum Eklektizismus und Indvidualismus im Bauen übergegangen – wenn man sich diese Form der baulichen Repräsentation leisten konnte.

Scharfzüngig urteilte Alexander Benois über den Siegeszug des „Stil modern", aber auch des modischen Neorussischen, das sich in der Bluterlöser-Kirche wiederfand: „Zugeben muss man allerdings, dass ... Petersburg in den letzten 50 Jahren nicht mehr das ist, was es war ... Es entstehen irgendwelche riesigen Häuser mit ‚angenehmen', ‚prunkvollen' Fassaden, Licht überflutete mit allerlei Tand vollgestopfte Kaufhäuser werden eröffnet, es findet mit einem Wort etwas Ungutes, geradezu Unanständiges statt. Einige der besten Gebäude sind in diesen Jahren gänzlich verschwunden … sie werden zu riesigen prunkhaften Mietobjekten umgebaut oder – schlimmer noch – mit allerlei abscheulichen Stuckornamenten dekoriert." Die Visionen der Architekten, die am Vorabend des Ersten Weltkrieges über individuelle Bauvorhaben hinaus planten, wollten zwar weg von der imperialen Hauptstadt der Beamten und des Militärs, aber sie wollten in gewisser Weise zurück zu der Regelmäßigkeit der Anlage aus der Gründungszeit des 18. Jahrhunderts. Sie planten freilich eine Stadt für Millionen Bewohner. Fjodor E. Enakijew, Leonti Benois, und Marjan Perejatkowitsch dachten um 1912 in einem umfassenden Plan über eine Neustrukturierung der Funktionskreisläufe der Stadt nach. Im Zentrum sollte eine Neubebauung der Insel Golodai stehen, mit Gartenstadtelementen und den arbeitenden Menschen im Zentrum. Solche Pläne wie auch die für einen U-Bahnbau in der verkehrsüberlasteten Stadt wurden nicht verwirklicht. Der Erste Weltkrieg brach aus.

## Aus Petersburg wird Petrograd

Im Sommer 1914 trat Zar Nikolaus keine weite Sommerreise an, sondern blieb in Zarskoje Selo. Die diplomatischen Verwicklungen der Augustkrise des Jahres 1914 nahmen ihren Verlauf und die russische Regierung goss mit ihren Mobilmachungsbefehlen Öl ins Feuer. Als nach Bekanntwerden der deutschen Kriegserklärung vom 1. August 1914 die Massen auf den Schlossplatz eilten, zeigte sich Nikolaus unter dem Jubel des Volkes auf dem Balkon des Winterpalastes.

## Nach den Erinnerungen des Dumapräsidenten Rodsjanko

„Der Kaiser sprach nach dem Gottesdienst einige Worte und schloss mit der feierlichen Versicherung, den Krieg nicht eher beenden zu wollen, als auch nur eine Spanne Erde vom Feinde besetzt sei. Ein donnerndes Hurra dröhnte durch die Säle des Palais, und die Menge draußen auf dem Platze stimmte begeistert ein. Der Kaiser trat auf den Balkon, gefolgt von der Kaiserin. Als das Volk, das den großen Platz und die einmündenden Straßen besetzt hielt, den Kaiser erblickte, ging es wie ein elektrischer Funke durch alle Herzen und ein nicht enden wollendes Hurra erschütterte die Lüfte. Die Fahnen, die Tafeln mit den Aufschriften: ‚Es lebe das Slawentum!' senkten sich zur Erde, und die Menge beugte das Knie vor dem Zaren."

Nie mehr mochte sich Nikolaus den Bewohnern seiner Hauptstadt so nahe fühlen wie an diesem Tag. Aufgeheizt von den seit Jahren andauernden publizistischen Auseinandersetzungen um „Pangermanismus" und „Neoslawismus" war die Öffentlichkeit auf den Krieg vorbereitet und hatte ihn erwartet. Zumindest für einige Zeit war der Patriotismus in allen Schichten der Stadtbevölkerung vorhanden, ganz anders als beim Krieg gegen Japan zehn Jahre zuvor. Nicht nur unter den 250 000 Menschen auf dem Schlossplatz, auch auf den großen Prospekten und den Vergnügungsparks der Stadt außerhalb des Zentrums kam es zu patriotischen Manifestationen, die freilich fallweise in Randale umschlugen. Zwei Tage nach Kriegsausbruch stürmten Massen die deutsche Botschaft in der Nähe der Isaak-Kathedrale und verwüsteten das Gebäude. Zehn Tage später bewilligte die Duma auf einer Sondersitzung im Taurischen Palais umfangreiche Kriegskredite.

Nach mehr als zwei Jahrhunderten wechselte die Stadt ihren Namen: Aus Petersburg wurde das russisch klingende Petrograd. Die Distanz zum Feinde sollte sich schon in der neuen Benennung der Hauptstadt ausdrücken. Die Petersburger Deutschen, lange Zeit eine gut integrierte Gruppe innerhalb der Stadtgesellschaft, waren in der Petrograder nun unter Verdacht. Dies galt, je länger der Krieg dauerte, für Beamte mit deutsch klingenden Namen, aber vor allem für die Zarin Alexandra, eine Prinzessin aus dem Hause Hessen-Darmstadt. Je unglücklicher der Krieg in den Jahren 1915 und 1916 verlief, desto stärker wurden die Gerüchte in der Stadt, Alexandra übe einen unheilvollen Einfluss auf die Regierungsgeschäfte aus.

Nach dem letzten Sommer der „alten Zeit" 1914 begann Petrograd die Folgen des Krieges zu spüren. Im Kriegsjahr

1915 flammten wieder Streiks in den Betrieben auf. Im darauf folgenden Jahr kam es zu Versorgungsengpässen. Die Regierung des Zaren war nicht in der Lage, die Versorgung im Land so zu organisieren, dass Hauptstadt, Front und Hinterland mit dem jeweils Notwendigen versehen wurden. Nikolaus II. hatte im Juli 1915 persönlich das Oberkommando über die Armee übernommen und lenkte das politische Geschehen in der Hauptstadt nur noch mittelbar. Die Inkompetenz und Korruption in der Regierung wurden zunehmend auf das Zarenpaar projiziert. Der Einfluss des Wanderpredigers Grigori Rasputin, der seit Jahren Zugang zum Zarenhof hatte und immer wieder in Skandale verwickelt wurde, war Gegenstand einer Debatte in der Duma. Er wurde zum Sinnbild für den Verfall der Autokratie und seine Ermordung im Dezember 1916 durch den Fürsten Jussupow und andere wurde als Befreiung empfunden.

Die Lebensbedingungen in der Hauptstadt verschlechterten sich in dem besonders kalten Winter 1916/17 dramatisch. Zwischen 1914 und 1916 hatten sich die Preise für Kohle vervierfacht, für Essen in den Arbeiterküchen versiebenfacht. Gleichzeitig füllten sich die Zeitungen der Hauptstadt mit Berichten über Kriegsgewinnler und Korruption. Der Führer der Partei der Konstitutionellen Demokraten, Pawel Miljukow, griff im November 1916 in einer Dumarede den Zaren und seine Regierung offen an und bezeichnete deren Verhalten als „Dummheit oder Verrat".

## Die Februarrevolution 1917

Im Februar 1917 kam es zu Streiks und Hungerunruhen unter der Bevölkerung Petrograds. In manchem schien sich die Konstellation des Blutsonntags des Jahres 1905 zu wiederholen. Die Streiks begannen am 22. Februar 1917 wiederum in den Putilow-Werken und breiteten sich über die ganze Stadt aus. Anders als 1905 gab es in der Stadt regelrechte Hungerrevolten. Seit Tagen schon waren Brot oder Mehl kaum erhältlich, die Läden schlossen. Am 23. Februar 1917, dem internationalen Frauentag, kam es zu Frauendemonstrationen, die sich aus den Warteschlangen vor den verschlossenen Läden bildeten. In den folgenden Tagen ging die Stadt zum Generalstreik über. Zar Nikolaus reagierte aus seinem Hauptquartier im weißrussischen Mogiljow: „Wir befehlen, schon morgen die Unruhen in der Hauptstadt zu liquidieren, da sie in den schweren Zeiten des Krieges mit Deutschland und Österreich nicht geduldet werden können." Sein Befehl war nicht mehr auszuführen, weil die hauptstädtischen Truppen – anders als beim Petersburger Blutsonntag – auf die Seite der Streikenden und Demonstranten überliefen. Die aufmarschierten Kosaken und Marineeinheiten machten sich die Losung „Nieder mit dem Krieg" zu eigen und forderten ihrerseits Brot. Durch diese Meutereien wurden die Demonstrationen zur Revolution. Zarin Alexandra und ihre Regierung hatten innerhalb weniger Tage die Kontrolle über die Hauptstadt verloren. Der Kommandeur des Petrograder Militärbezirks, General Chabalow, schätzte es als unmöglich ein, die Lage mit Waffengewalt in den Griff zu bekommen. Auch die Duma ging zur offenen Opposition gegen den Zaren über.

## Telegramm des Dumapräsidenten Rodsjanko an den Zaren, 26. Februar 1917

„Die Lage ist ernst. In der Hauptstadt ist Anarchie. Die Regierung ist gelähmt. Verkehr, Versorgung und Heizung sind in vollkommener Verwirrung. Die allgemeine Unzufriedenheit wächst. Auf den Straßen wird ohne Ordnung geschossen. Truppenteile beschießen sich gegenseitig. Es ist unumgänglich nötig, sofort einer Persönlichkeit, die das Vertrauen des Landes besitzt, die Bildung einer neuen Regierung anzuvertrauen. Eine Verzögerung ist unmöglich. Jedes Zaudern wäre der Tod. Ich bete zu Gott, dass in dieser Stunde keine Verantwortlichkeit auf den Träger der Krone falle."

Der Zar jedoch befahl in Verkennung der Lage Härte und seine Frau unterstützte ihn darin, mit Truppen aus dem Umland die Unruhen beenden und die Duma auflösen zu wollen. Dies war der Moment, an dem sich auch die Duma ganz auf die Seite der Revolution stellte. Sie bildete aus ihren Reihen ein Komitee, das

Mit der Februarrevolution wurde Petrograd zu einer Stadt andauernden Protests und ständiger Demonstrationen. Hier ein Umzug der Bolschewiki. – Fotografie von 1917.

dem Zaren die Abdankung nahelegte. Nikolaus machte sich auf den Weg nach Petrograd um eben dies zu verhindern, kam aber nur bis Pskow. Dort dankte er am 2. März 1917 zugunsten seines Bruders ab. Als dieser den Thron nicht annahm, hatte die Geschichte der Romanow-Dynastie in Russland ihr Ende gefunden. Petrograd war nicht länger die Hauptstadt eines Zarenreiches, sondern eines Staates, dessen Gestalt ungewiss war. Aus einem Komitee der Duma bildete sich eine provisorische Regierung, die die Staatsform einer zu wählenden verfassungsgebenden Versammlung überlassen wollte. Sie nahm ihren Sitz im Marienpalais gegenüber der Isaak-Kathedrale. Ein Sowjet der Arbeiter- und Soldatendeputierten wurde organisiert und bezog das Taurische Palais. Nichts konnte den Konflikt deutlicher machen: In einem Flügel des Palastes saßen die Abgeordneten des alten Parlaments, in dem anderen die Deputierten des Sowjets, die eng verbunden mit verschiedenen sozialistischen Parteien waren. Es begann die Zeit der „Doppelherrschaft" und für viele Petrograder, ob Arbeiter, Soldat, Student oder liberaler Adliger, zugleich eine Zeit der großen Erwartungen.

## „Der Keim künftiger Anarchie ...“

> „In den 40 bis 50 Minuten, die wir zur Staatsduma brauchten, erlebte ich eine nie wiederkehrende seelische Hochstimmung. Ich hatte tatsächlich das Gefühl, als sei etwas Großartiges und Heiliges geschehen, als habe das Volk seine Ketten abgeworfen und als sei der Despotismus zusammengebrochen. Ich gab mir damals keine Rechenschaft darüber, dass dem Ganzen eine Militärrevolte zugrunde lag, die als Folge der durch drei Jahre Krieg entstandenen Verhältnisse spontan aufgeflammt war, und dass darin der Keim künftiger Anarchie und Auflösung beschlossen lag. Wenn solche Gedanken auch auftauchten so wies ich sie weit von mir.“
> (Wladimir Nabokow, Petrograd 1917)

## „Revolutionäre“ und „Putschisten“

Am 23. März 1917 wurde auf dem Petrograder Marsfeld, dem alten zarischen Exerzierplatz, eine aufwändige Gedenkfeier für die Gefallenen der Februarrevolution inszeniert, an der Mitglieder der neuen Provisorischen Regierung, des Sowjets sowie zahlreiche Soldaten der Garnison und Bewohner der Stadt teilnahmen. Es war vielleicht das einzige Mal, dass sich die in Petrograd aktiven sozialistischen Parteien und Liberale bis hin zur gemäßigten Rechten zu einer gemeinsamen Feier zusammenfanden und sich vergewisserten, dass der Sturz des Zaren der richtige Weg gewesen sei. Nikolaus war nach Zarskoje Selo zurückgekehrt und dort mit seiner Familie in Verwahrung genommen worden. Erst die Bolschewiki sollten ihn nach der Oktoberrevolution aus seiner Sommerresidenz nach Jekaterinenburg bringen und dort 1918 erschießen lassen.

In der Stadt herrschte zunehmendes Chaos. Die Beamten in den Kanzleien arbeiteten weiter, wussten aber nicht, wer weisungsbefugt war. Sowjets auf unterschiedlichen Ebenen, in Stadtteilen und Fabriken nahmen für sich ebenso in Anspruch, den Behörden Weisungen zu erteilen wie die Provisorische Regierung. Truppenteile wie die Kronstädter Matrosen deklarierten sich zu Roten Garden. Polizisten, die als Repräsentanten der Alten Ordnung galten, wurden in den Straßen gejagt.

Die Provisorische Regierung verständigte sich mit dem Sowjet nur vordergründig auf ein gemeinsames Vorgehen. Die Versorgungslage blieb auch nach dem Ende des Winters prekär. Im April 1917 kehrte Lenin mit deutscher Hilfe aus dem Exil zurück, Trotzki eilte aus New York herbei. Unter den sozialistischen Parteien in der Stadt, den Menschewiki, den Bolschewiki und den Sozialrevolutionären war umstritten, ob nach der „bürgerlichen" nun unmittelbar die „sozialistische" Revolution folgen solle.

Während die Provisorische Regierung an den Fronten des Ersten Weltkrieges mit der Brussilow-Offensive im Sommer 1917 noch einmal den Versuch unternahm, das Heft des Handelns zurückzugewinnen, blieb die Frage, wer eigentlich in Petrograd die Macht hatte, in der Schwebe. Die Provisorische Regierung im Marienpalais übte keinerlei Autorität über die etwa 250 000 Soldaten aus, die in der Stadt lagen. Diese sahen sich mehrheitlich dem Arbeiter- und Soldatenrat verpflichtet und erwarteten, dass dieser die „Macht ergreifen" und die Revolution „vollenden" werde. Zudem stieß die Fortsetzung des Krieges nicht nur bei den Soldaten der Hauptstadt auf nachhaltige Ablehnung. Gerüchte liefen um, man wolle für die Offensive etwa das 1. Maschinengewehrregiment, das auf der Wyborger Seite unweit des Hauptquartiers der Bolschewiki stationiert war, aus der Hauptstadt entfernen. Dieses schwer bewaffnete Regiment war nur eine der Einheiten, auf die Lenin Ende Juni setzen konnte. Er zögerte jedoch. Vor dem Militärexekutivkomitee seiner Partei im Palais der Ballerina Kschessinskaja, einem extravaganten Jugendstilbau, warnte er davor, dass man die Revolution zwar in Petrograd durchsetzen könne, nicht aber im übrigen Land.

Unter den Soldaten der Stadt gab es aber ein solches Ausmaß an Unzufriedenheit, dass sie am 3. Juli 1917 begannen, aus eigenem Antrieb aus den Kasernen auszurücken. Sie fuhren mit gepanzerten Fahrzeugen durch die Stadt und schossen um sich. Angst und Schrecken machten sich in der Stadt breit, nicht nur bei den Anhängern der alten Ordnung, die der Auffassung waren, besser der deutsche Kaiser nehme Petrograd ein, als dass die entfesselten Soldaten die Stadt regierten. Auch der Schrift-

steller Maxim Gorki, der der Revolution an sich positiv gegen-
überstand, war von der unkontrollierten Gewalt erschüttert.

Am 4. Juli eskalierte die Lage weiter. Etwa 50 000 bewaffnete Menschen zogen auf das Taurische Palais zu, während die
Minister der Provisorischen Regierung ihren Sitz, das Marienpalais, bereits geräumt hatten. Alexander Kerenski, ihr sozialistischer Ministerpräsident, war eilig an die Front gereist. Weder
Telegrafen- und Poststationen noch Waffenlager und Bahnhöfe
wurden von Anhängern der Provisorischen Regierung bewacht.
Die „Macht" lag auf der Straße. Aber nicht nur Lenins Bolschewiki, sondern auch andere Führer revolutionärer Parteien
„hoben" sie nicht auf. Als der Sozialrevolutionär Tschernow
aus einer Sitzung des Sowjets heraustrat, um die Menge, die
sich vor dem Taurischen Palais versammelt hatte, zu beruhigen,
wurde er von dieser unter der Aufforderung, die „Macht" zu
ergreifen, gepackt. Trotzki eilte aus dem Palais, gab jedoch
nicht den Startschuss zur Revolution, sondern hieß die Menge,
Tschernow gehen zu lassen. Damit war der so genannte „Juli-
Putsch" der Bolschewiki, der keiner war, vorbei. Als sich die
Situation in Petrograd beruhigt hatte und die Provisorische
Regierung wieder ein wenig an Boden gewonnen hatte, verbot
sie die Bolschewiki. Loyale Truppen der ehemaligen Garderegimenter wollten die Villa Kschessinskaja ausheben, doch Lenin
war bereits ins finnische Exil geflohen.

Dies bedeutete allerdings nicht, dass sich die Waagschale
zwischen dem Petrograder Sowjet und der Provisorischen Regierung zugunsten der Letzteren neigte. Als Ende August 1917
General Lawr G. Kornilow ein Armeekorps nach Petrograd
führen wollte, um die „Ordnung" wiederherzustellen und den
Sowjet aufzulösen, schreckte Ministerpräsident Kerenski davor
zurück, die Hauptstadt in erneute Gefechte zu stürzen und ließ
Kornilow ablösen. Gleichzeitig radikalisierte sich die Arbeiterschaft und forderte, der Sowjet möge die „Macht" ergreifen.
Zu dessen Vorsitzendem war Ende September Leo Trotzki ge-
wählt worden. Es spricht für die Zögerlichkeit der Bolschewiki
und die Unübersichtlichkeit der Lage in Petrograd wie im ganzen Land, dass bis zum 24. Oktober kaum einer der führenden
Bolschewiki den Aufstand wollte, auch als die Provisorische

Regierung die bolschewistische Zeitung „Prawda" verbot. Trotzki erklärte, dass „ein bewaffneter Konflikt, heute oder morgen, … nicht unseren Plänen entspricht".

## Der Oktoberumsturz

Lenin jedoch hatte sich zum Handeln entschlossen und konnte sich dabei auf einflussreiche Gruppen stützen. In der Nacht zum 25. Oktober 1917 strömten Rote Garden und Arbeiter, auf deren Loyalität sich Lenin verlassen konnte, in die Stadt. Die Zeit drängte. Lenin wollte den Sturz der Provisorischen Regierung, bevor ein landesweiter Sowjetkongress im Taurischen Palais zusammentreten konnte, um über eine Zukunft Russlands nach der Provisorischen Regierung zu beschließen. Die Menschen in der Stadt und auch die politischen Gruppierungen sahen in ihr keine ernsthafte Kraft mehr; ihre Minister hatten sich im Winterpalast verschanzt, kaum verteidigt durch Kosaken, Kadetten und ein Frauenbataillon. Der Ministerpräsident Kerenski hatte am 25. Oktober 1917 den Winterpalast gegen Mittag bereits verlassen, um in einem geliehenen Auto loyale Fronttruppen zur Unterstützung der Provisorischen Regierung zu organisieren.

Der Umsturz an diesem Tag verlief trotz mancher Panne ohne größere Gegenwehr. Die Bolschewiki und ihre Roten Garden, organisiert aus dem neuen Hauptquartier im Smolny, hatten die Brücken, Bahnhöfe und vor allem die Telegrafenstationen unter ihre Kontrolle gebracht. Die Telefonleitungen in den Winterpalast waren gekappt worden. Während Flugblätter der Bolschewiki bereits am Nachmittag verkündeten, die Provisorische Regierung sei gestürzt, berieten deren Minister über den Einsatz ihrer verbliebenen Soldaten zur Verteidigung, nicht wissend, dass diese zunehmend in die Stadt desertierten. Journalisten, wie der Amerikaner John Reed, eilten als Beobachter herbei. Und obwohl Reed einen Bestseller unter dem Titel „10 Tage, die die Welt erschütterten" über die Revolution schrieb, musste er doch eingestehen, dass dem „Sturm" auf dem Winterpalast nichts Heroisches anhaftete und er eine Revolution kaum erkennen ließ. Als am späten Abend die Bombardierung des Winterpalastes von der Newa durch den Panzerkreuzer Aurora – weitgehend folgenlos – begann, tagte bereits der Sowjetkongress mit 670 Delegierten des ganzen Landes im Taurischen Palais. Schließlich begannen die Kämpfe um den Winterpalast, die gegen 2 Uhr morgens beendet waren. Der Bolschewist Antonow-Owsejenko verhaftete die Minister der Provisorischen Regierung im Malachit-Saal und ließ sie in die Peter-und-Paul-Festung überführen. Lenin hatte einen Etappensieg erreicht.

Die so genannte Oktoberrevolution hatte stattgefunden, ohne dass die Opernvorstellung von Modest Mussorgskis „Boris Godunow" im Marinski-Theater unterbrochen wurde. Der Straßenbahnverkehr auf dem Newski lief weiter. Zwar hatte man vielleicht 20 000 Menschen auf dem Schlossplatz gezählt, jedoch beteiligten sich lange nicht alle an der Eroberung des Winterpalastes. Der Kontrast zur Beteiligung an der Februarrevolution konnte nicht größer sein. Die Bewohner Petrograds lebten offensichtlich in einer Zeit des Umbruchs, der Systemwechsel fand jedoch weitgehend ohne sie statt. Für den Sowjetkongress hatte Lenin bereits Fakten geschaffen, und ein Teil der Deputierten zog, den Bolschewiki das Feld überlassend, Wut entbrannt aus der Sitzung im Taurischen Palais. Die Bolschewiki verkündeten sofort Land für die Bauern, ein Ende des verhassten Kriegs und die Einrichtung einer revolutionären Regierung unter der Einbeziehung eines Rats der Volkskommissare mit Lenin an der Spitze als ihre Ziele.

In der Stadt tobte jedoch Chaos. Dass sich die Roten Garden in den Weinkellern des Winterpalastes gütlich taten, war ein Phänomen am Rande; die Gewalt insgesamt wurde zum Kennzeichen einer Zeit, in der sich das neue Regime in der Stadt zu festigen versuchte. Schon fünf Tage nach der „sozialistischen Revolution", die keineswegs nur von den Bolschewiki begrüßt wurde, konnte man den Befehl lesen: „An alle Bürger der Stadt Petrograd! Hiermit wird über die gesamte Stadt Petrograd und ihre Umgebung der Belagerungszustand verhängt. Alle Versammlungen und Meetings auf den Straßen und überhaupt unter freiem Himmel werden bis zum Erlass einer besonderen Verfügung verboten."

Der Sturm auf den Winterpalast: Eine nachgestellte Szene von 1922, fotografiert von Iwan Kobozew.

Die Provisorische Regierung hatte vor ihrem Ende noch Wahlen zu einer verfassunggebenden Versammlung anberaumt. Diese Wahlen hatten das neue Regime soweit möglich im Lande durchführen lassen, und ihre Deputierten kamen am 6. Januar 1918 einmal mehr im Taurischen Palais zusammen. Entgegen den Erwartungen Lenins hatten die Bolschewiki jedoch auch nicht annähernd die Mehrheit gewonnen. Die Deputierten wurden nach einer Sitzung, in der es um Geschäftsordnungsfragen ging, von den Roten Garden kurzerhand zur zweiten Sitzung gar nicht mehr eingelassen: Die Konstituante war aufgelöst.

## Die ersten Tage des Sozialismus

Mit der Oktoberrevolution in Petrograd war die Herrschaft der Bolschewiki in Russland keineswegs gesichert. Als Machtzentrum des untergegangenen Regimes beargwöhnten die neuen Machthaber Widerstände der alten Eliten Petrograds. Dies war ein Grund dafür, dass die Bolschewiki am 12. März 1918 in einem Dekret Moskau zur Hauptstadt machten und Lenin vom Kreml aus regierte.

In Petrograd erprobten die Bolschewiki mit Avantgardekünstlern Massenspektakel und Inszenierungen zu den ersten Mai- und Revolutionsfeiertagen in sozialistischer Zeit. Der Schlossplatz wurde zur Bühne für Revolutionsspiele, in denen die „Werktätigen" gegen die „Kapitalisten", dargestellt von „Arbeitern" und „Rotgardisten", zu Felde zogen und natürlich obsiegten, in denen aber die Formensprache abstrakt blieb und die Individualisierung der Handelnden nicht vorgesehen war. Satire wurde als Mittel der Bloßstellung der Klassengegner und früheren Bewohner der Bauten am Schlossplatz, des Zaren und seiner „Handlanger", genutzt. Man inszenierte die „Befreiung der Arbeit". Solche Spektakel standen in manchem Pate für Sergei Eisensteins Revolutionsfilm „Oktober" (1927), der bildmächtig bis heute die Vorstellungen vom revolutionären Umsturz prägt. Für diesen Film wurde der Winterpalast noch einmal gestürmt, und diesmal so, wie es hätte sein sollen.

Der Krieg um die Köpfe in Petrograd war jedoch nur eine Front, an der sich die neue Ordnung bewähren musste. Die neuen Herren und wenigen Herrinnen – wie die berühmte Alexandra Kollontai – mussten zugleich im Bürgerkrieg gegen die „Weißen" kämpfen. Diese Koalition aus zarischen Generälen und Anhängern einer bürgerlich-demokratischen Richtung der Februarrevolution bekämpfte sich jedoch untereinander fast ebenso heftig, wie sie die Bolschewiki bekämpfte, die zeitweise nur über ein Fünftel des Territoriums des alten Zarenreiches geboten. Überall im Vielvölkerreich waren die Zentrifugalkräfte erkennbar. Für Petrograd am wichtigsten waren die Separationsbestrebungen im Baltikum, aus denen die unabhängigen Republiken

Wladimir Lenin spricht zu den Arbeitern und Soldaten: Eine der vielen Darstellungen, die nach der Revolution entstanden und den Umsturz und seinen Anführer heroisierten. – Gemälde von Wladimir Alexandrowitsch Serow, 1925.

Litauen, Lettland und Estland hervorgingen, und die Loslösung Finnlands aus dem erodierten Staatsverband. Die Stadt wurde aber auch direkt durch den Bürgerkrieg bedroht. Nachdem der Frieden von Brest-Litowsk im März 1918 die Gefahr einer deutschen Einnahme durch einen weitgehenden Zusammenbruch der Fronten gebannt hatte, waren es im Sommer 1919 die Weißen unter General Judenitsch, die Petrograd einzunehmen drohten. Zwar hatten die Bolschewiki ihre Machtbasis durch die Rückverlegung der Hauptstadt in Moskau, doch das Abschneiden des Zugangs zur Ostsee hätte den Kampf der Bolschewiki nachhaltig erschwert. Leo Trotzki organisierte als Kriegskommissar die Zurückschlagung der Offensive der Weißen und wurde durch die von ihm organisierte Rote Armee unterstützt.

Deren Rückgrat waren die Matrosen von Kronstadt, die sich seit den Revolutionstagen des Jahres 1917 als Speerspitze der Revolution und eines egalitären Sozialismus sahen. Die Marinebasis im Meerbusen vor der Stadt war für die Bolschewiki Machtbasis und Bedrohung zugleich. Denn auch in Petrograd zeigte sich sehr schnell, dass die Kommunisten Lenins ein Regime durchsetzen wollten, das auf Zwang und Terror beruhte. Und dies, obwohl die Nationalisierung des Eigentums, die Zuweisung von Wohnraum und die Zwangsbewirtschaftung von Lebensmitteln in weiten Teilen der städtischen Bevölkerung begrüßt worden waren.

Manche mondäne Adels- und Bürgerwohnung bekam neue Bewohner. Die alten Inhaber mussten sich mit einem Zimmer begnügen und einquartierte Arbeiter aufnehmen. Die Gemeinschaftswohnung der „Kommunalka" nahm hier ihren Anfang. Gerade im alten Zentrum Petrograds veränderte sich, und dahinter steckte Strategie, die Zusammensetzung der Bevölkerung durch die Kommunalkas radikal. Gleichzeitig setzten die Bolschewiki auf einen „Umerziehungsfaktor" der alten Eliten, die nun den sozialistischen Regeln einer Hausgemeinschaft unterworfen waren. „Rote Ecken" in den genossenschaftlichstaatlich verwalteten Häusern, ausgestattet mit Symbolen der Revolution und sozialistischer Erbauungsliteratur, wurden bis in das alltägliche Leben des einzelnen Menschen hinein Instrumentarien des Klassenkampfes.

Mit den Mitteln des „Kriegskommunismus" wurden angestammte Lebenswelten durcheinandergewirbelt. Nicht nur die städtische Oberschicht und die Intellektuellen der Stadt beargwöhnten das Klima der Gewalt und des Terrors in der Stadt. Auch viele Arbeiter und Soldaten hatten andere Vorstellungen einer gleichberechtigten Teilhabe an der politischen Willensbildung und der Versorgung mit Nahrungsmitteln. Der Petrograder Parteichef der Bolschewiki, Grigori Sinowjew, war auf Geheiß Lenins nicht zimperlich, abweichende Meinungen auch innerhalb des sozialistischen Lagers zu unterdrücken. Der Tscheka-Mann, der Mann der Geheimpolizei in seinem Ledermantel und dem Revolver am Gürtel der, zu Macht gekommen, eine Atmosphäre der Gewalt verbreitete, verkörperte diese Politik der Durchsetzung einer Kaderpartei im Stadtbild. Während der Terror der Weißen ungezügelt vonstatten ging, wohnte der Gewalt der Bolschewiki etwas Kalkuliertes inne. Der Tscheka-Mann schüchterte kontrolliert und systematisch ein. Die „Allrussische außerordentliche Kommission zur Bekämpfung der Gegenrevolution und der Sabotage" (Tscheka), die Ende des Jahres 1917 unter der Führung von Felix Dserschinski zunächst in einer kleinen Wohnung in der Gerber-Straße Nr. 3 gegründet wurde, entwickelte sich bald zu einer Krake, die die Stadt und das Land umschlang. Die Beamten und Offiziere in der Stadt wurden ihrer Uniformen und Epauletten beraubt, Lehrer wegen konterrevolutionärer Gesinnung aus den Schulen vertrieben. Die alte Intelligenz und die alten Eliten begannen sich als Tagelöhner und Schwarzmarkthändler zu verdingen. Die Versorgungslage blieb auch unter dem neuen Regime prekär, die tägliche Kalorienzufuhr reduzierte sich über den Winter 1917/18 auf deutlich unter 1 000 Kalorien. Alexei Tolstoi, der spätere Stalinpreisgewinner, schrieb in seinem Werk „1918" vom hungernden Petrograd. Der Soziologe Pitirim Sorokin verglich die Schlangen vor den Suppenküchen mit den Armenspeisungen in den Kirchen vor der Revolution, mit dem Unterschied, dass nun die alten Eliten anstanden.

Dies entsprach in manchem durchaus der marxistischen Losung von der Ausbeutung der alten Ausbeuterklasse, ging aber auch darüber hinaus. Schon bald zeigte sich in Petrograd, dass die Revolution begann, ihre eigenen Kinder zu fressen. Die kommunistischen Funktionäre legten einen Lebensstil an den Tag, der dem der untergegangenen Adelswelt glich. Während die Bevölkerung hungerte und darbte, floss beispielsweise beim Führer der Kronstädter Bolschewiki und Oberbefehlshaber der baltischen Flotte, Raskolnikow, der Champagner. Bankette wurden gegeben, und seine Frau, die bolschewistische Kommissarin Larissa Reisner, kleidete sich in aufwändige Roben.

Manche der enttäuschten Bolschewiki gaben ihre Parteimitgliedschaften zurück. Zwischen den Requirierungen auf dem Lande unter den Bedingungen des Kriegskommunismus und den in Petrograd ausbrechenden Streiks im Februar 1921 existierte ein unmittelbarer Zusammenhang. Nach wie vor hatten die Arbeiter in der Stadt eine enge Verbindung zu ihrer ländlichen Heimat, weshalb zumindest ihre weiteren Familien von der brutalen Niederschlagung ländlicher Bauernunruhen betroffen waren. Die Verbindung zum Land war in den Jahren des Ersten Weltkrieges und der Revolution wieder enger geworden, weil die Revolution in Petrograd zu einem Deurbanisierungsprozess führte. Verlässliche Schätzungen sind in dieser Zeit der vorübergehenden Atomisierung der Verwaltung und der improvisierten Komitees und Räte schwer, doch ist davon auszugehen, dass Petrograds Einwohnerzahl durch Tod und Exodus von über 2 Millionen auf 700 000 sank. Der Schriftsteller Wenjamin Kawerin beschrieb das Leben der Petrograder in diesen Tagen als das von Höhlenbewohnern, die sich kaum aus ihren Behausungen trauten.

## Der Kronstädter Matrosenaufstand

Zu Beginn des Jahres 1921 glich die Stimmung in manchem jener der Februartage 1917. Die Versorgung in der Stadt war katastrophal, die Bolschewiki konnten sich der Loyalität der Bevölkerung, aber auch der Soldaten in der Stadt nicht mehr sicher sein. Die Streiks trafen alle Produktionsbetriebe der Stadt. Vier Jahre nach der Februarrevolution entglitt den Bolschewiki die Kontrolle über die Marine in Kronstadt und damit über jene revolutionären Matrosen, die sie im Jahr 1917 unterstützt hatten und die die weiße Offensive gegen Petrograd zurückgeschlagen hatten. Am 1. März des Jahres proklamierten die Matrosen eine Erneuerung der Räte und des Rätegedankens und sagten sich von den Bolschewiki los. Wenig später war die ganze Festungsstadt in den Händen der Opposition.

## Manifest der Kronstädter Matrosen

„Die Arbeiterklasse hatte gehofft, durch die Oktoberrevolution ihre Befreiung aus der Sklaverei zu erreichen. Stattdessen entstand daraus eine noch schlimmere Versklavung des Menschen.
Die Macht der Monarchie mit ihrer Polizei und Gendarmerie ist in die Hände der kommunistischen Usurpatoren übergegangen, die den Werktätigen nicht die Freiheit gebracht haben, sondern die ständige Furcht, in die Folterkammern der Tscheka zu geraten, die mit ihren Greueln die Herrschaft der Gendarmen unter dem zaristischen Regime bei Weitem übertrifft (...)
Das werktätige Russland, das als Erster die rote Fahne der Befreiung der Arbeit gehisst hat, ist vom Blut derer überströmt, die zum Ruhme der kommunistischen Herrschaft zu Tode gequält wurden. In diesem Blut ertränken die Kommunisten all die großartigen und lichten Verheißungen von der Revolution der Arbeit."

Die Matrosen und Soldaten begannen die Verteidigung der 45 000 Menschen auf der Insel zu organisieren. Für die Bolschewiki in Petrograd war Grund zur Sorge gegeben. Das Eis der Newa begann zu tauen und drohte die Festungsinsel uneinnehmbar zu machen. Leo Trotzki und der rote Bürgerkriegsgeneral Tuchatschewski versuchten daher, die Insel am 7. März zu stürmen, und zwangen ihre widerwilligen Roten Garden mit vorgehaltener Waffe, im Schneesturm auf die Insel zu marschieren. Unter dem Verteidigungsdonner der Kanonen versanken viele der Angreifer vor der Stadt im Eis, allein 2 000 starben im Gewehrfeuer. Damit begannen das kurze Experiment einer basisdemokratischen Räterepublik und der Moment einer Bedrohung der Herrschaft der Bolschewiki in der Stadt ihrer Revolution. Die Kronstädter forderten für ganz Petrograd, umgehend neue Wahlen mit geheimer Abstimmung abzuhalten.

Kronstadt mit seinen Seebefestigungen war Hauptbasis der russischen Flotte und zugleich so stark geschützt, dass es den Bolschewiki schwerfiel, den Kronstädter Matrosenaufstand 1921 mit Gewalt zu beenden.

Rede-, Presse- und Versammlungsfreiheit sollte für alle Arbeiter und Bauern, Anarchisten und links stehende sozialistische Parteien eingeführt werden, nicht freilich für die alten Unterdrücker. Alle politischen Gefangenen der sozialistischen Parteien und der Werktätigen sollten freigelassen und die bewaffneten Gruppen, die ausschließlich mit der Konfiszierung von Lebensmitteln beauftragt waren, aufgelöst werden. Die Kronstädter Matrosen mit ihrer extrem basisdemokratischen Gesinnung zweifelten die Deutungshoheit der Bolschewiki über die Revolution grundlegend an.

Während zeitgleich auf einem Parteikongress in Moskau jede Fraktionsbildung untersagt wurde und Lenin seine innerparteilichen Gegner bekämpfte und ausschloss, geriet sein Werk in Petrograd in Gefahr, fanden doch die Kronstädter auch in der Stadt breite Anhängerschaft. Sinowjew, der Petrograder Parteichef, ließ die Tschekisten massiv gegen die Streiks in der Stadt vorgehen. Aus Moskau eilten 300 Delegierte als Freiwillige herbei, um öffentlichkeitswirksam gegen die Kronstädter zu kämpfen. Letztlich sollten die Bolschewiki siegen. Am 17. März 1921 begann der letzte und entscheidende Angriff auf Kronstadt. Mit Luftunterstützung rückten 50 000 Soldaten in den frühen Morgenstunden über das Eis vor. Nach 18 Stunden war die Schlacht geschlagen: Über 10 000 Soldaten waren auf Seiten der Roten gefallen, darunter 15 der herbeigeeilten Delegierten. Sie wurden in der Folge zu Märtyrern der Revolution stilisiert. Sinowjew ließ am folgenden Tag sogleich 500 Matrosen ohne jedes Verfahren hinrichten. Als sich die Henker weigerten, die Tat durchzuführen, griff der Petrograder Parteichef auf junge Moskauer Komsomolzen zurück. Einigen Aufständischen gelang es, nach Petrograd in die Wohnung des Schriftstellers Maxim Gorki zu fliehen, der sich bei Lenin beschwerte und Rechenschaft von Sinowjew forderte. Doch Gorki, eine der intellektuellen Leitfiguren der Revolution, blieb ungehört. 2 000 Rebellen wurden hingerichtet, weitere wurden auf die Solowki-Inseln im Weißen Meer geschickt, die zum ersten großen Konzentrationslager Russlands wurden. Militärische Macht und skrupelloser Terror sicherten also die Macht der Bolschewiki in Petrograd, die nach dem Kronstädter Matrosenaufstand nicht mehr herausgefordert wurde.

# Das sowjetische Leningrad

## Aus Petrograd wird Leningrad

Mit der Niederschlagung des Kronstädter Matrosenaufstandes war die Herrschaft des Sowjetsystems in Petrograd abgesichert. Zunächst war die Stadt trotz des diktatorischen Zugriffs der Bolschewiki jedoch ein Ort des Bunten. Unter den Bedingungen des „Kriegskommunismus" mit seinen Zwangsrequirierungen bis 1922, dann aber auch in der nachfolgenden Periode der „Neuen ökonomischen Politik" mit ihren marktwirtschaftlichen Elementen, standen Individualität und Zwang nebeneinander.

Den Bewohnern der Stadt schien es dabei weniger wichtig als der lokalen Parteiführung, wo Lenin, der Anführer der Revolution, nach seinem Tode 1924 beigesetzt werden würde. Die Petrograder Bolschewiki wollten den Leichnam auf dem Marsfeld bestatten. „Piter will Lenin bei sich ...", titelte die Prawda am 24. Januar 1924, jedoch vergeblich. Was erfolgte, war eine Umbenennung der gesamten Stadt in Leningrad.

Die Menschen sprachen jedoch weiter von „Piter". Auf dem „Prospekt des 25. Oktober", wie der Newski-Prospekt getauft worden war, bewegten sich in den 20er-Jahren fliegende Händler, Arbeiter, Rotarmisten, vorrevolutionäre Intelligenzler und Studenten der so genannten Arbeiter- und Bauernfakultäten. Sie alle entwickelten unter den Bedingungen des Systems, aber auch mit dem System eine äußerst vielfältige literarische, musikalische und künstlerische Szene. Das galt etwa für die Theaterlandschaft, die von experimentellem Theater geprägt war. Leningrad war auch in sowjetischen Zeiten eine Hauptstadt des Kinos und der Filmproduktion. Ihr Zentrum wurde die „Lenfilm", ein Studiokomplex, der in geschrumpfter Form noch heute vor allem fürs Fernsehen produziert.

Die 20er-Jahre waren in der Stadt zudem eine Zeit der literarischen Avantgarde, die die Literatur zu den werktätigen Massen bringen wollte. Die „Proletkultbewegung" und die Ende der 1920er entstehende „Schriftstellervereinigung proletarischer Arbeiter" (RAPP genannt) dominierten die Arbeiterklubs der Stadt, die in neuen Stadtvierteln, aber auch im alten Stadtkern in konstruktivistisch-avantgardistischer Bauweise entstanden. „Proletkult" („proletarskaja kultura") war gleichsam die kulturrevolutionäre Speerspitze der Oktoberrevolution. Ausgehend von Petrograd versuchte sie etwa zwischen 1917 und 1925 eine Kultur der neuen herrschenden proletarischen Klasse ohne jeden bourgeoisen Einfluss zu erschaffen.

Die Revolution war zunächst auch von Schriftstellern wie Alexander Blok begrüßt worden, der mit seinem Poem „Skythen" (1918) ein Werk schuf, in dem die Revolution als Sturm asiatischer Horden erscheint, denen die Gewalt des Neuen eigen ist und die damit der gesamten Menschheit zu einem neuen Anfang verhelfen könnten. Maxim Gorki begleitete die Revolution zunächst ebenso aufgeschlossen wie der Dichter Wladimir Majakovski, der so genannte „Sturmvogel der Revolution". Majakowski und der futuristische Schriftsteller Sergei Tretjakow arbeiteten im Umfeld von Wsewolod Meyerholds „Erstem Arbeitertheater des Proletkults" ebenso für die neue Arbeiterkultur.

Die Vielfalt wurde jedoch allmählich geringer. Trotzki kritisierte die Vertreter des Proletkults als ignorant gegenüber jedweder kulturellen Tradition. Die proletarischen Schriftsteller bekämpften die so genannten „Mitläufer" wie Anna Achmatowa. Der bereits vor 1917 gefeierten Dichterin, die in diesen Jahren im Fontänenhaus am Scheretmejew-Palast an der Fontanka wohnte, war man vor, nicht die „richtige" Einstellung zum System zu haben. Die zahlreichen Jazz-Clubs, die in Leningrad entstanden, galten zwar einerseits als „modern", andererseits aber auch als eine aus den USA kommende Musikwelle und damit als Ausdruck des „Anything goes" des Kapitalismus.

Die Vorzeichen des auch in Leningrad verbindlichen sozialistischen Realismus stalinscher Prägung deuteten sich an. Gerade die Jahre nach dem gescheiterten Kronstädter Aufstand brachten eine neue Emigrationswelle von Intellektuellen, die der Stadt als Ort einer kulturellen Moderne schwere Schläge versetzte. Andere wie der Schriftsteller Aleksei Tolstoj sollten hingegen die verschiedenen Wendungen, die das Regime vorgab, mitmachen und zu regelrechten Staatsschriftstellern avancieren.

Zur Durchsetzung der Revolution gehörte auch die Vernichtung von als „reaktionär" betrachteter Architektur. Dieser frühe sowjetische Arbeiterklub an der Moika wurde mit konstruktivistischer Formensprache in eine enteignete Kirche gebaut.

## Kultureller Ausverkauf

Vor der Hinwendung des neuen Führers der Sowjetunion, Josef Stalin, zum großrussischen Patriotismus, der sich ohnehin immer mehr auf Moskau als auf Leningrad bezog, war keineswegs ausgemacht gewesen, dass die Adelspalais und ihre Kunstschätze umstandslos zu erhalten wären, und dies galt erst recht für die Kirchen und ihr Interieur.

Es begann daher der massenhafte Ausverkauf bürgerlicher Kunst mit dem Ziel der Erlangung von Devisen und der Zerstörung dieser Kultur. Auf Vorschlag des Volkskommissars für Handel und Industrie, Leonid Krasin, gründete Maxim Gorki im Februar 1919 in der Chalturinstraße Nr. 3 die „antiquarische Schätzkommission", die systematisch begann, die enteigneten Wohnungen und Palais nach Kunst zu durchforsten und diese dann zu beschlagnahmen.

Man begann die Gegenstände im Ausland zu verkaufen, so etwa 1925 und 1932 in Amsterdam und Berlin Bestandteile des Zarenschatzes. Der Erfolg war jedoch mäßig, weil den Käufern die Provenienz der Stücke und rechtliche Sicherheit als problematisch erschienen. Allein in den Jahren 1928 und 1929 wurden die Leningrader Museen und die nahe gelegenen Zarenschlösser gezwungen, Gegenstände im Wert von drei Milliarden Rubel abzuliefern. Gobelins, Silber, Bronzen, Gemmen und anderes mehr, was die Zaren seit den Tagen Katharinas II. gesammelt hatten, wurden gegen den Widerstand der Museumsmitarbeiter verkauft.

## Das Wachstum des sozialistischen Leningrads

Zweifelsohne war es wichtig, für die Bevölkerung der Stadt Lebensräume zu schaffen, die den Anspruch der Bolschewiki auf Verbesserung des Lebens nach der Revolution zumindest annähernd einlösten. Im Zusammenhang mit der Kommunalka als Lebensform kam es aber zunächst zur Umsiedlung von Hunderttausenden ins Zentrum der Stadt. Im alten Stadtkern standen die Herstellung der Wasserversorgung und der Anschluss an das Stromnetz im Vordergrund. Deutlich wurde in der Schwerpunktsetzung der Bolschewiki zudem, dass Leningrad im Zuge der Industrialisierung zu einem wichtigen Produktionsstandort werden sollte. Im Zuge des Übergangs zur Planwirtschaft mit ihren Fünf-Jahresplänen wurde die Stadt in eine Arbeitsteilung miteinbezogen, mittels derer sowjetunionweit verschiedene Produktionsstandorte einen bestimmten Schwerpunkt zugewiesen bekamen. In Leningrad war dieser die Schwer- und die Rüstungsindustrie, insbesondere für den

Marinesektor. Anderseits bedeutete der Verlust der Hauptstadt-
funktion, vor allem aber auch der Verlust der Bedeutung als
internationaler Handelshafen in sowjetischer Zeit eine Neuori-
entierung auf einen sowjetischen Binnenmarkt. Die Folge war
ein rasanter Zuzug von Arbeitsmigranten in die Stadt:

| | |
|---|---|
| August 1920 | 722 000 Einwohner |
| März 1923 | 1 071 000 Einwohner |
| Dezember 1926 | 1 616 100 Einwohner |
| Januar 1939 | 3 191 300 Einwohner |

Innerhalb kürzester Zeit war somit die Vorkriegsmarke wieder
überschritten. Ein Unterschied war jedoch signifikant: War
St. Petersburg zumindest im ersten Jahrhundert seiner Geschichte eine Stadt, in der die männliche Einwohnerschaft
überwog, wurden nach der demographischen Ausnahmezeit
von Krieg und Revolution statistisch gesehen „normale" Verhältnisse hergestellt; der Anteil der weiblichen Bewohnerinnen
wuchs auf über 50 % (im Januar 1939 waren es 54,4 %) an.

Mit diesem Wachstum konnte die infrastrukturelle Entwicklung der Stadt kaum mithalten. Bereits 1931 wurde ein Verbot
erlassen, neue Industriebetriebe anzusiedeln. 1933 wurde ein
rigides Meldesystem eingeführt, dessen Zeck einerseits in der
Kontrolle der Bewohner, anderseits aber auch in der Begrenzung des Zuzugs lag. Wie in der Zarenzeit zogen Tausende auf
der Suche nach Arbeit in die Stadt, und die planwirtschaftlich
gelenkten Betriebe, in ihrem Bedarf, die Produktionsziffern zu
erfüllen, nahmen diese „Illegalen" trotz der Meldepflicht als
Arbeiter und versuchten sie später zu legalisieren.

Damit wurde deutlich, dass es mit der Schaffung von kom-
munalem Wohnraum und Verdichtungspolitik keineswegs getan
war. Ein Jahr nach dem berühmten Moskauer Generalplan von
1935 wurde der für Leningrad vorgelegt, der in Anbetracht der
Nähe der finnischen Grenze eine Ausdehnung der Stadt nach
Süden vorsah und neue Rayons für die Arbeiter bereitstellen
sollte. Mit dieser fächerförmigen Expansion der Stadt sollte die
Zerstörung des Gedenkens an die Zarenzeit, verkörpert durch
die imperiale Architektur, einhergehen. Die Stadtmitte sollte

vom Heumarkt an die Ausfallstraße nach Moskau gelegt und dort ein sozialistisches Forum gestaltet werden. In der ewigen Städtekonkurrenz war nun ein Bezug auf die Welthauptstadt des Sozialismus, Moskau, über die Straßenachse geplant. Im Zentrum der „neuen Mitte" Leningrads sollte ein monumentales Haus der Sowjets stehen. Es wurde schließlich im Stil des Sozialistischen Realismus bzw. Sozialistischen Klassizismus zwischen 1936 und 1941 gebaut und hatte Ausmaße, die jene des Winterpalastes überstiegen. Dem Architekten Noi Trotzki war ein monumentales Bauwerk im Sinne Stalins am Moskauer Platz, dem bis heute größten Platz der Stadt, gelungen. Es sollte unter anderem die Stadtregierung Leningrads beherbergen, die freilich niemals aus dem Marienpalais im Stadtzentrum wegzog.

Der Generalplan blieb nicht nur wegen des Ausbruchs des Zweiten Weltkriegs ein Torso. Einerseits war der Moskowski-Prospekt breit genug, um die beginnende Motorisierung aufzunehmen, andererseits hatte man bis in die 90er-Jahre hinein den Eindruck einer wenig befahrenen sechsspurigen Straße. Bis zum Zweiten Weltkrieg wurden nur 74 Gebäude entlang der Straße bis zu den Höhen von Pulkowo realisiert, während rechts und links zunächst Leere blieb bzw. Viertel ohne städtebaulichen Bezug zum Prospekt gebaut wurden.

## Der Tod Sergei Kirows und der Terror

Nachdem Lenin im Januar 1924 gestorben war, setzte sich der Generalsekretär der Partei, Stalin, in den nächsten Jahren als Alleinherrscher der Sowjetunion durch. Stalin liebte Leningrad nicht. Für ihn war es ein potenzieller Ort von Verschwörungen, mentalen Hinterlassenschaften des Bürgerlichen und des Rückwärtsgewandten. Unabhängig davon, ob Anschuldigungen stimmten oder völlig aus der Luft gegriffen waren: Stalin entledigte sich der alten Weggefährten Lenins.

Zu ihnen gehörte auch Grigori Sinowjew, der Leningrader Parteichef. Wie Lew Kamenjew in der Moskauer Parteiorganisation oder Trotzki, der Organisator der Roten Armee, wurden sie unter dem Vorwurf der Abweichung zunächst auf untergeordnete Posten abgeschoben. 1926 folgte als Leningrader Parteichef mit Sergei Kirow ein ebenso überzeugter wie tatkräftiger Bolschewist, der den Übergang von der Neuen Ökonomischen Politik zur „Revolution von Oben" in der Stadt an der Newa forcierte. Freier Handel und freies Kleingewerbe wurden teils mit Gewalt erneut verstaatlicht. Der Ausbau der Stadt zu einem Zentrum der Industrie wurde erfolgreich forciert. Die Erfüllung, besser Übererfüllung von Plänen und Produktionsziffern wurde zur obersten Leitlinie. Kirow sorgte aber auch für eine konsequente Verfolgung der so genannten „Ehemaligen", also Vertreter der vorrevolutionären Intelligenz. Professoren der Universität wie Ewgeni Tarle oder Sergei Platonow wurden „repressiert". Etwa 80 000 Personen wurden schätzungsweise in dieser Zeit aus der Stadt entfernt. Wenn ihnen lediglich ein anderer Arbeitsort angewiesen wurde, war dies noch das gnädigste Schicksal. Nicht zu Unrecht hat man daher davon gesprochen, dass eigentlich erst am Übergang von den 20er- zu den 30er-Jahren aus Petersburg Leningrad geworden sei. Die Zusammensetzung der Einwohnerschaft hatte sich mit und ohne Gewalt grundlegend geändert.

Alles in allem stand Leningrad nach Moskau an der Spitze jenes sowjetischen Projektes der Moderne, das neben der gewaltsamen Kollektivierung der Landwirtschaft die forcierte Industrialisierung beinhaltete. Und Kirow managte diese Entwicklung erfolgreich. Soweit erkennbar, verfügte er nicht nur in Leningrad und nicht nur in der Partei über eine gewisse Popularität. Auf dem in Moskau 1934 stattfindenden „Parteitag der Sieger", auf dem sich Stalin als unumschränkter „Führer" feiern ließ, erhielt nicht Stalin die meisten Stimmen bei den Wahlen fürs Politbüro, sondern der Leningrader Sergei Kirow. Zudem gab es zwischen Stalin und Kirow Differenzen über die Höhe der Lebensmittelrationen der Leningrader Arbeiter. Dies war für Stalin Anlass genug, im Hintergrund die Fäden zu ziehen, um seinen Widersacher loszuwerden. Stalins Geheimdienstchef Heinrich Jagoda führte Regie: Er engagierte den Attentäter Leonid Nikolajew, der am 1. Dezember 1934 ungehindert in den Smolny eindrang und Kirow vor seinem Büro erschoss.

Stalin stilisierte sich zum Rächer des Leningrader Parteichefs. Seine Netzwerke inszenierten Schauprozesse gegen ehemalige Parteiführer mit dem Vorwurf, in den Kirow-Mord verwickelt zu sein. Kirows Vorgänger Grigori Sinowjew übte in absurder Weise Selbstkritik. Andere Kommunisten folgten. Das Netz von Terror, Denunziation und geistiger Gefangenschaft, das Stalin über das Land gelegt hatte, begann zu funktionieren.

Die großen Schauprozesse waren nur die Spitze des Eisberges. In den kommenden Jahren verschwanden Millionen sowjetischer Bürger aufgrund erdachter Anschuldigungen im GU-LAG-System, darunter zehntausende Leningrader Bürger. Kommunalka-Bewohner schwärzten ihre Nachbarn, Industriearbeiter ihre Arbeitsgenossen an; kein Vorwurf war zu abwegig, um nicht geahndet zu werden. Die wissenschaftlichen Mitarbeiter der Eremitage wurden verhaftet. Die Spezialisten der fernöstlichen Sammlungen wurden verdächtigt, mit Japan im Bunde zu sein, die Mitarbeiter der orientalischen Abteilung wurden verdächtigt, mit der feindlichen Türkei zu kooperieren. Auf die Frage der Inhaftierten nach dem „Warum" gab es keinerlei Antworten. Die Dichterin Anna Achmatowa schrieb, es sei Zeit zu verstehen, dass man einfach so verhaftet würde. Ihr Mann saß in Haft, ihr Sohn war in den Arbeitslagern des hohen Nordens verschwunden. Schwarze Transporter, in denen die Inhaftierten weggebracht wurden, entwickelten sich – kaum getarnt als Bäckerei- oder andere Firmenfahrzeuge – zum integralen Bestandteil des Stadtbildes.

Wie andernortes auch wurde nach Partei, Intelligenz und Arbeiterschaft schließlich die Rote Armee gesäubert, deren Oberkommando sich, so der Vorwurf 1937, mit den Deutschen verbündet habe. Auch im Leningrader Militärbezirk wurden 90 % der höheren Offiziere ihrer Posten enthoben und größtenteils hingerichtet. Als nach Abschluss des Hitler-Stalin-Paktes Josef Stalin 1939/40 den Winterkrieg vom Zaun brach, um Finnland zu einer Sowjetrepublik zu machen, zeigten sich die Konsequenzen. Die „Frontstadt" Leningrad, von der der neue Parteichef Andrei Schdanow sprach, hatte die Hauptlast des Krieges zu tragen. Ihre Reservisten strömten an die finnische Front. Doch der Mangel an qualifiziertem Führungspersonal und der energische Widerstand der Finnen führten lediglich zu Gebietsgewinnen im südlichen Karelien, die die finnisch-sowjetische Grenze um etwa 50 Kilometer weg von Lenigrad schoben.

## Die 900 Tage der Blockade Leningrads

Als am 22. Juni 1941 deutsche Truppen die Sowjetunion überfielen, begann das dunkelste Kapitel in der Geschichte der Stadt. Josef Stalin hatte trotz Warnungen aus verschiedenen Kanälen nicht an den Bruch des Nichtangriffspaktes vom August 1939 glauben wollen. Die Vorbereitungen von Roter Armee und Zivilbevölkerung auf einen Krieg, der als Weltanschauungskrieg von Beginn an mit brutaler Härte geführt wurde, waren unzureichend und improvisiert. Dies galt auch für die Verteidigung Leningrads.

Der Leningrader Parteichef und ZK-Sekretär Andrei Schdanow sowie der Oberkommandierende der Leningrader Front (die sowjetische Bezeichnung für eine Heeresgruppe) Kliment Woroschilow hielten sich entsprechend der Auffassung Stalins zunächst daran, dass eine übertriebene Vorsorge gegen ein schnelles Vorrücken der Deutschen als Defätismus zu deuten sei, und zögerten mit der Einleitung von Verteidigungsmaßnahmen. Stattdessen wurden wie überall in der Sowjetunion die Überwachungsmaßnahmen verstärkt. Private Radiogeräte wurden eingesammelt, Telefone und Briefpost systematisch überwacht, Denunzianten und potenzielle Überläufer dingfest gemacht. Als am 21. August der Sowjetmarschall Nikolai Woronow in der Stadt eintraf, war er erstaunt über die Ruhe und Inaktivität in der Stadt: „Man hätte glauben können, dass die Kämpfe nicht vor den Mauern Leningrads, sondern den Toren Berlins stattfänden." Erst an diesem Tag wurde die Bevölkerung der Stadt in der Leningrader „Prawda" auf die unmittelbare Bedrohung hingewiesen und zur Verteidigung der Stadt aufgerufen. Erst jetzt begannen hektische Maßnahmen wie die Deportation hunderttausender Bürger deutscher oder finnischer Abstammung, die Evakuierung von 250 000 Einwohnern, der Abtransport einiger Industriebetriebe und das Anlegen von Vorräten für sechs Wochen. Als sich die deutsche 18. Armee auf die Stadt zubewegte, begannen die Vorbereitungen zur Sprengung von Industrieanlagen, Brücken und der gesamten baltischen Flotte.

Leningrad war im Kalkül Hitlers von hoher Bedeutung: Zwar war Moskau als Hauptstadt ungleich wichtiger, doch Leningrad galt Hitler und seinen Beratern als die Wiege des Bolschewismus. Es war die Heeresgruppe Nord, die diese Aufgabe erhielt und zügig auf das Baltikum und Leningrad vorstieß. Am 8. September 1941 hatte die 18. Armee den Vorort Schlüsselburg erobert und damit den Belagerungsring geschlossen, als sie mit ihren Panzern in die südlichen Vororte der Stadt eindrang: Im Norden standen die Truppen des mit Deutschland verbündeten Finnland, die das Territorium besetzt hielten, das die Rote Armee im Winterkrieg erbeutet hatte, ohne wie geplant Finnland ganz erobern zu können. Im Westen und im Osten bildeten der Finnische Meerbusen beziehungsweise der Ladogasee mit seiner Fläche von über 18 000 Quadratkilometern ein natürliches, scheinbar unüberwindliches Hindernis.

In diesem Moment erteilte Hitler den Haltebefehl, teilweise zum Unmut der deutschen Soldaten. General Hans Reinhardt meldete die Auffassung seiner Männer – „vor ihnen liege die Stadt, und niemand hindere sie, hineinzugehen". Propagandaminister Joseph Goebbels notierte in sein Tagebuch den offenen Funkspruch einer Wehrmachtseinheit, die im Vorort Krasnogwardejsk stehen bleiben musste: „Die Truppe schreit im Chor: Wir wollen weiter vor!" Doch Hitler und die Wehrmachtführung gaben nicht nach. Was folgte, ist eines der grausamsten Kapitel des Zweiten Weltkriegs: die fast 900-tägige Belagerung Leningrads, die erst am 27. Januar 1944 endgültig zu Ende ging.

General Georgi Schukow, der von Stalin nach Leningrad abkommandiert worden war, gelang es, die Front so weit zu stabilisieren, dass die deutschen Truppen den Belagerungsring zumindest nicht enger um die Stadt ziehen konnten. Die Sprengung von Brücken und Flotte unterblieb. Dennoch gab es keinerlei Möglichkeit, die Bewohner aus der Stadt zu ernähren. Etwa eine Million Einwohner fielen der Blockade zum Opfer. Die sowjetische Seite selbst hatte durchaus ein Interesse daran, die Zahl der Opfer so gering als möglich erscheinen zu lassen, um von eigenen Versäumnissen im Vorfeld abzulenken. Stalin ließ als offizielle Opferzahl 672 000 feststellen, aber da im Vorfeld des Einschlusses noch zahlreiche Menschen auf der Flucht vor der Wehrmacht in die Stadt geströmt waren und sich auch zahlreiche nicht gemeldete Personen dort befanden, erscheint die Zahl von einer Million als realistisch.

Die meisten von ihnen starben an Hunger und Kälte. Die Lebensmittelvorräte waren bald ebenso aufgezehrt wie das Brennmaterial. 1941/42 war ein extrem kalter Winter, die Temperaturen sanken auf minus 40 Grad. Der Verkehr stand still, das Wasser gefror in den Leitungen, Heizung und Strom fielen aus. Die Fotografien aus jener Zeit zeigen Straßen, durch die sich ausgezehrte Menschen schleppen. Überall lagen die Leichen von Menschen, die mitten auf dem Weg tot zusammengebrochen waren oder von ihren Angehörigen aus den Wohnungen auf die Straße getragen wurden: Den Menschen fehlte schon bald die Kraft, ihren nächsten Verwandten ein Begräbnis zu bereiten. Viele wurden in Massengräbern verscharrt.

Die einzige Verbindung zum Hinterland führte über den Ladogasee. Auf diesem Weg brachte man anfangs mit Schiffen Lebensmittel in den Belagerungsring. Als der See im Winter zufror, wurde eine Trasse über das Eis gelegt – die „Straße des Lebens". In Moskau bezweifelte Stalin den Sinn dieses Weges, der im Schneetreiben nur an Orientierungsstangen ungefähr erkennbar war. Tag und Nacht rollten die Laster, um die Bevölkerung mit dem Nötigsten zu versorgen. Nicht wenige brachen im Eis ein oder wurden durch deutsche Fliegerangriffe gestoppt. Freilich reichten all die Anstrengungen nicht aus. Die Lebensmittelrationen mussten immer weiter gesenkt werden, bis sie im November 1941 ihren Tiefststand erreichten: Ein Arbeiter erhielt pro Tag nur noch 250 Gramm Brot, seine Familienangehörigen die Hälfte. Doch selbst diese Hungerration existierte lediglich auf dem Papier. Vielfach konnten die Menschen ihre Lebensmittelkarten nicht mehr eintauschen, die Geschäfte waren leer. Das wenige Brot, das erhältlich war, stammte zum großen Teil aus Zellulose oder Sägemehl.

Die Schrecken der Blockade Leningrads im 2. Weltkrieg lassen sich kaum zeigen oder beschreiben: Bergung von Verletzen nach einem deutschen Angriff.

In ihrer Verzweiflung aßen die Leningrader bald alles: Sie kochten Lederriemen, machten Sülze aus Tischlerleim oder kratzten den Kleister von den Tapeten. Plinsen, aus Senfkörnern zubereitet, waren so scharf, dass sie den Ausgehungerten die Därme zerfraßen. Hunde und Katzen, Spatzen und Ratten wurden gegessen. Auf den rasch entstehenden Schwarzmärkten verkauften die Menschen ihr ganzes Hab und Gut für einen Laib Brot. Vereinzelt kam es zu Fällen von Kannibalismus. Tagebücher, wie das von Georgi Zim aus der Zeit zwischen dem 13. Juli 1941 und dem 10. Februar 1942 gehören zu den eindrucksvollen und bedrückendsten Dokumenten über die Grausamkeit dieser Blockade.

## Heute gibt es wieder kein Brot

„Sehr kalt. Die Stadt ist in einem schrecklichen Zustand. Die Straßen werden nicht gereinigt. Es ist sehr schwer, sich zu bewegen. Man sieht viele Menschen mit Schlitten und Leichen, vielen Leichen. Die Brotration ist erhöht worden, aber es gibt keine Möglichkeit Brot zu kaufen. Vor dem Brotgeschäft stehen riesengroße

Schlangen. Heute gibt es wieder kein Brot ... Die Toiletten und die Kanalisation funktionieren nicht. Alle Abfälle werden in den Hof getragen. Dort wurden zwei Löcher für den Abfall ausgehoben, aber um die Löcher herum ist alles so verunreinigt, dass man an sie nicht herantreten kann. Was kommt, wenn es warm wird? Es gibt einen Befehl, den Hof im Laufe von fünf Tagen sauberzumachen. Aber es gibt niemanden, der das tut. Alle sind so schwach bei dieser Brotration (125 Gramm). Ich habe vergessen zu sagen, dass sehr viele auf den Gesichtern Schrammen haben, hauptsächlich aber auf der Nase. Wahrscheinlich stolpern sie in den dunklen Korridoren (es gibt keine Beleuchtung!) und fallen, wenn sie Wasser von der Fontanka holen. Das haben wir früher nicht schätzen können: Die Elektrizität. Petroleum, Toiletten, Straßenbahnen, Busse, genügend Brot. Das alles scheint jetzt ein Märchen zu sein: Kartoffeln, Wurst, Schinken und so weiter. Nicht geschätzt! Und jetzt trinkt man eine braune Flüssigkeit, Kaffee, ohne Zucker, mit einem winzigen Brot, und es schmeckt so gut, schade, dass es zu wenig ist. Nach dem Essen steht man immer hungrig auf. Man glaubt kaum noch, dass einmal wieder ein Tag kommt, an dem man so viel Schwarzbrot essen kann, wie man will. Eine junge Hebamme erzählte mir, wie sie heute im Entbindungsheim arbeiten muss: Wäsche gibt es nicht, man braucht nicht zu waschen, die Gebärenden werden nicht gewaschen. Sie sind verlaust, und die Läuse kriechen auf das Personal über. Kinder bringt man beim Licht einer Fackel zur Welt, die eine Schwester hält die Fackel, die andere nimmt das Kind entgegen. Unter solchen Bedingungen ist die Sterblichkeit schrecklich hoch. Der Artilleriebeschuss erinnert daran, dass es noch schlimmer sein kann: Man wird wieder die Stadt beschießen, deine Wohnung zerstören, und dann geh, wohin du willst, ohne Sachen, ohne Wäsche, und sei noch dankbar, dass du noch nicht zum Krüppel gemacht worden bist."

(Georgi Zim, 27. Januar 1942)

Georgi Zim starb nach der Evakuierung über den Ladogasee an den Folgen des Hungers, als er glauben konnte, dem Tod in der Stadt entronnen zu sein. Das Blockadetagebuch von I. L. Schilinski ist ein ähnlich eindrucksvolles Dokument. Der Eisenbahner, der in einer Kommunalka mit seiner Frau und seiner Mutter wohnte, zeigt die doppelte Frontstellung, in die die Bewohner gerieten: Die deutschen Angreifer beschos-

sen die Stadt und die Repräsentanten der sowjetischen Ordnung wandten Zwang und Gewalt an, um die Ordnung auf-
rechtzuerhalten.

Schilinski wurde nach dem schweren Hungerwinter 1942
wegen konterrevolutionärer Propaganda verhaftet. Das sowjetische System baute also seinen Druck auf die Bewohner der
Stadt unter diesen Umständen der Not keineswegs ab; Schilinski war sicher vom Hunger geschwächt, starb wohl aber auch an
den Folgen einer „Behandlung" während eines Verhörs. Er
beschrieb in seinem Tagebuch auch die Zerstörungen der zwischenmenschlichen Beziehungen und Ordnungen durch die
Blockade: „Der ehrlichste Mensch ist fähig zu stehlen, zu mor-
den – für ein Stück Brot. Das Brot aus dem Laden muss man
versteckt tragen, damit es nicht sichtbar ist. Sie reißen einem die
Brotkarten aus den Händen, das abgewogene Brot."

Die Belagerung Leningrads war ein Vernichtungsvorhaben
Hitlers und seiner Führung. Bereits zu Beginn des Krieges
gegen die Sowjetunion, am 8. Juli 1941, hatte der General-
stabschef des Heeres, Franz Halder, in sein Kriegstagebuch
notiert: „Feststehender Entschluss des Führers ist es, Moskau
und Leningrad dem Erdboden gleichzumachen, um zu verhindern, dass Menschen darin bleiben, die wir dann im Winter
ernähren müssten."

Die „Entscheidung zum Völkermord" (Jörg Ganzenmüller)
hatte im Rahmen der rassenideologischen Dimension des Nati-
onalsozialismus das konkrete Ziel der Germanisierungspolitik.
Leningrad gehörte zu jenem Gebiet der Sowjetunion, das künf-
tig unter dem Namen „Ingermanland" deutsch besiedelt werden sollte und Bestandteil des berüchtigten „Generalplans Ost"
war. Er sah die Übernahme eines menschenleeren Gebietes vor,
und die Belagerung der Millionenstadt war ein probates Mittel
zur Vernichtung.

Die Belagerungsstrategie wurde von deutscher Seite damit
gerechtfertigt, dass die Verteidiger der Stadt bis zum letzten
Mann kämpfen würden, dass ganz Leningrad mit Sprengsätzen
unterminiert sei und zudem bei einer Besetzung akute Seu-
chengefahr für deutsche Soldaten bestehe. Nun hatte der sowjetische Oberbefehlshaber der Leningrader Front, Marschall

Kliment Woroschilow, die Leningrader zwar tatsächlich zu einem Volksaufstand aufgerufen, falls die Deutschen einen Stiefel in die Stadt setzen sollten, doch waren dies nur vorgeschobene Argumente der deutschen Angreifer. Da sich Pläne für Gasangriffe oder Massenbombardements nicht verwirklichen ließen, setzte man auf den Tod durch Belagerung.

## Aus dem Kriegstagebuch der Heeresgruppe Nord, 24. Oktober 1941

„Bei allen aufgesuchten Stellen wurde die Frage aufgeworfen, wie man sich zu verhalten hat, wenn die Stadt Leningrad ihre Übergabe anbietet und wie man sich gegenüber der aus der Stadt herauskommenden Bevölkerung verhalten soll (...) In der Truppe bestehe volles Verständnis dafür, dass die Millionen Menschen, die in Leningrad eingeschlossen seien, von uns nicht ernährt werden können, ohne dass sich dies auf die Ernährung im eigenen Land nachteilig auswirkt. Aus diesem Grund würde der deutsche Soldat auch mit der Anwendung der Waffe derartige Ausbrüche verhindern."

Nach dem Todeswinter 1941/42 begann sich die Lage in der Stadt etwas zu verbessern. Unter dem Decknamen „Nordlicht" plante die deutsche Wehrmacht in einer Operation den Ring um die Stadt enger zu ziehen, um so die Versorgung über den Ladogasee zu unterbinden. Doch während die Operation noch vorbereitet wurde, überraschte die Rote Armee die Deutschen am 27. August 1942 mit einem Großangriff südlich des Sees und gewann das Heft des Handelns zurück. Im zweiten Kriegswinter 1942/43 konnte die Stadt über die nun eingespielte Eisstraße spürbar besser versorgt werden.

Im Januar 1943 gelang es der Roten Armee schließlich, bei Schlüsselburg einen kleinen Korridor freizukämpfen. Nun hatte der Blockadering eine Lücke, durch die Nahrung und Rüstungsgüter in die Stadt gebracht werden konnten. Die Lebensmittelrationen stiegen schon bald auf das Niveau anderer sowjetischer Großstädte, und der Alltag der Leningrader normalisierte sich. Hitlers Truppen beschränkten sich nun auf regelmäßigen Artilleriebeschuss, dessen Folgen an den Fassaden im Stadtzentrum mancherorts bis in die Gegenwart sichtbar

Luftabwehrballons vor der Isaak-Kathedrale während der Blockade.

sind. Zudem legten sie im Umkreis der Stadt etliche historische Bauten und Kunstwerke in Schutt und Asche.

Ein ganzes Jahr lang blieb es bei diesem Status quo, da keine der beiden Seiten Kräfte für den Nebenkriegsschauplatz freimachen wollte. Als die Rote Armee schließlich ihren sechsten Entsatzversuch unternahm, brachen die deutschen Stellungen innerhalb weniger Tage zusammen. Am 27. Januar 1944 feierte die ganze Stadt das Ende ihrer Leidenszeit.

Wenn sich die Leningraderinnen und Leningrader nach 1945 an die Blockadezeit erinnerten und hierbei Heroismus und Solidarität in den Vordergrund stellten, hatten sie sicherlich eher die Zeit nach dem Sommer 1942 im Blick. Es war die Zeit, in der zwar immer noch gehungert, aber weniger verhungert wurde, die Infrastruktur der Stadt auf einem minimalen Niveau wieder funktionierte, die Organisation der Verteidigung besser lief und auch die Industriebetriebe wieder mehr produzierten. Zum Teil wurden erst jetzt die Kunstschätze in den Museen gesichert. So brachte man die Eremitage-Sammlungen in den Keller der Isaak-Kathedrale, die die Deutschen nicht bombardierten, weil sie deren Turm als Anflugmarke für ihre Luftangriffe nutzten.

Im August 1942 wurde Dmitri Schostakowitschs 7. Sinfonie, die den Beinamen Leningrader oder Blockade-Sinfonie erhalten sollte, aufgeführt, auch wenn noch nicht alle der hunger-geschwächten Leningrader Symphoniker mitspielen konnten. Schostakowitsch hatte diese Sinfonie noch in Leningrad begonnen, war dann aber mit anderen Kulturschaffenden ausgeflogen worden. Die Uraufführung des Werkes fand in Samara an der Wolga statt, doch sein Wunsch nach einer Aufführung in Leningrad ging kurze Zeit später in Erfüllung: Ein Flugzeug durchbrach die Blockade, um die Orchesterpartituren nach Leningrad zu fliegen. Das Konzert am 8. August unter der Leitung von Karl Eliasberg wurde von allen sowjetischen Rundfunksendern übertragen. Schostakowitsch gehörte zu jenen Künstlern, die während der Blockade zum kulturellen Leben als Element der Selbstbehauptung im Angesicht der tödlichen Bedrohung beitrugen. Sie nutzten den größeren gestalterischen Freiraum, den Kunst, Musik und Literatur während des „Großen Vaterländischen Krieges" hatten.

Bis heute existiert an die Blockade Leningrads, an diese schwersten Zeiten in der Stadtbiografie, eine geteilte Erinnerung. Da ist das Erinnern an Hunger, Tod, an die Entmenschlichung auch in den zwischenmenschlichen Beziehungen während der Blockade, besonders in ihrem ersten Jahr. Es wird in den Familienerzählungen gepflegt, in den veröffentlichten Blockadetagebüchern, den Kinderzeichnungen und im individuellen Erinnern. Schon die während der Blockadezeit entstandene Literatur, die Lyrik von Lydia Ginzburg oder Olga Berggolc, erst recht aber in den folgenden Jahren geschriebene Memoiren, wie die des bedeutenden Akademiemitgliedes Dmitri Lichatschow, arbeiteten nicht nur die Schrecken dieser Zeit auf. Sie wurden auch Bestandteil der offiziellen Erinnerung. Das sowjetische Regime inszenierte die Blockade als ein Heldenepos, in dessen Mittelpunkt die alljährliche Aufführung von Schostakowitschs 7. Sinfonie stand. In der Breschnjew-Ära steigerte sich dies zu einem regelrechten Kult, und es entstanden monumentale Gedenkstätten in vaterländischer Pathosarchitektur. Dabei war vom „heroischen" Abwehrkampf der Roten Armee und der Stadtbewohner die Rede, weniger aber von den Leiden, an denen Stalin und die sowjetische Führung durch Desorganisation, andere Fehler und eine fortgesetzte Verfolgung von Bewohnern innerhalb der Stadt mit Schuld trugen. Am Ende der deutschen Blockade Leningrads stehen die mehr als eine Million Toten.

## Die „Leningrader Affäre"

Leningrad benötigte Jahrzehnte, um sich von der Blockade zu erholen. Dabei war es vielleicht Glück im Unglück, dass die deutsche Luftwaffe nicht zu Massenbombardements in der Stadt eingesetzt worden war. Viele Menschen waren verhungert, aber die Verteidigung der Stadt über eine gemeinsame Anstrengung schaffte ein positives Gemeinschaftsgefühl, das das Sowjetsystem allein nicht hatte herstellen können. Dies galt im Übrigen nicht nur für Leningrad. Die Erinnerung an den Sieg im „Großen vaterländischen Krieg" über die Deutschen wird man getrost als zweite Geburtsstunde der Sowjetunion bezeichnen können. Bei allem Unglück war dieser Sieg ein Moment, der auch nach dem Ende der Sowjetunion positiv erinnert wird. Davon zeugen bis heute die Siegesparaden zum 9. Mai, dem Tag der deutschen Kapitulation vor der Roten Armee, ebenso wie die alljährlichen Feierlichkeiten zum Ende der Blockade Leningrads am 27. Januar.

Viel war in der Stadt während der Blockadezeit zerstört worden. Peterhof, jene glanzvolle Residenz der Zaren am finnischen Meerbusen, war Schauplatz schwerer Kämpfe gewesen und nun ein Ensemble von Brandruinen. Rayons an den Rändern der Stadt, die sich in unmittelbarer Nähe der Front befunden hatten, lagen in Schutt und Asche. Dringend benötigter Wohnraum fehlte. Das Zentrum der Stadt aber war erhalten geblieben. Zwar hinterließen die Artillerieeinschüsse Narben im Stadtbild, die teilweise bis in unsere Tage erkennbar sind. Aber viele der architektonischen Schätze des Vorkriegsleningrads vermittelten trotz Beschädigungen einen Eindruck von der alten Größe der Stadt. Es ist daher wohl kein Zufall, dass 1944/95 eine ganze Reihe von Rückbenennungen von Plätzen, Straßen und anderen Orten erfolgte. Der Schlossplatz erhielt nach einem Intermezzo wieder seinen vertrauten Namen.

Der Newski-Prospekt, zeitweise der Prospekt des 25. Oktober, wurde wieder so wie zur vorrevolutionären Zeit genannt.

In der Propaganda der gesamten Sowjetunion wurde der Wiederaufbau Leningrads zur Prestigeangelegenheit. Bereits 1945 erhielt die Stadt die Auszeichnung „Heldenstadt". Vor allem Arbeiterinnen, die vielfach die Plätze der im Krieg gebliebenen Männer einnahmen, und Komsomolzen wurden zum Wiederaufbau der Stadt mobilisiert. Die Rekonstruktion Peterhofs und die Restaurierung der Kulturdenkmäler standen am Beginn und wurden langsam in Angriff genommen. Leningrads Parteichef Andrei Schdanow, der zum Kronprinzen des alternden Stalin aufstieg, hegte grandiose Pläne für den Wiederaufbau der Stadt. Sie sollte zur Verpflichtung der ganzen Sowjetunion werden und das Beste aus Hauptstadtarchitekturen der ganzen Welt vereinigen. Der einflussreiche Journalist Ilja Ehrenburg sprach vom „Herzen Europas", das wiederaufgebaut werden müsse. In der Tat: Es gab zwar weniger Bedarf an geplanter Monumentalarchitektur, aber einen immensen Bedarf an Wohnraum – für die alten Einwohner, die in die entvölkerte Stadt zurückkehrten, und für die neuen Bewohner, die in die Industriebetriebe der Stadt strömten.

Tatsächlich aber geriet die Stadt in den Strudel der schweren Jahre des Spätstalinismus, die die geschichtsbewussten Leningrader an die sieben dunklen Jahre in der Epoche Nikolaus' I. nach 1848 erinnerten. Der Druck auf die Menschen ließ auch nach dem Sieg im Kriege nicht nach.

Schdanow selbst sorgte für ein antikulturelles und antiintellektuelles Klima in der Stadt. Anna Achmatowa beispielsweise, die nach Blockadebeginn noch aus der Stadt ausgeflogen worden war, konnte im Juni 1944 nach Leningrad zurückkehren. Schon bald jedoch spürte auch sie die Auswirkungen der kulturpolitischen Hetzkampagnen der „Schdanowschtschina". 1946 schloss man sie als Vertreterin des „ideenlosen reaktionären Sumpfes" aus dem sowjetischen Schriftstellerverband aus und vernichtete zwei ihrer neuen Gedichtbände.

Für Stalin und seine Berater hatten der Ausbau der Schwerindustrie und die Fortentwicklung moderner Technologie im Zuge des beginnenden Kalten Krieges Priorität. Leningrad sollte ein bevorzugter Ort der Technologieindustrie werden – und der konsequente Ausbau von Wohnraum musste demgegenüber zurückstehen. Von den großen Plänen zum Ausbau der Stadt blieb alles in allem nicht viel, zumal sich der Leningrader Parteiführer Schdanow in eine Auseinandersetzung mit seinen politischen Rivalen Georgi Malenkow und Lawrenti Berija, Stalins mächtigem Geheimdienstchef, begeben hatte. Es ging um Schwerpunktsetzungen in der Wirtschaftspolitik, um Fragen der Disziplinierung von Parteikader und Bevölkerung. Vor allem aber ging es um die Positionierung für die Nachfolge Stalins.

Als Schdanow 1948 starb, holten Berija und Malenkow mit Billigung Stalins zum Gegenschlag aus. In den folgenden zwei Jahren verschwanden führende Leningrader Kommunisten aus der Öffentlichkeit. Unter ihnen war Nikolai Wossnessenski, der auf Vorschlag Schdanows zum Vorsitzenden der Planungskommission des Leningrader Gebietes ernannt worden war und rasant Karriere gemacht hatte. Als Politbüromitglied und Vorsitzender der staatlichen Planungsbehörde Gosplan saß er an einer Schlüsselstelle für wirtschaftspolitische Weichenstellungen in der Sowjetunion. Kurz nach dem Tod seines Mentors Schdanow verschwand Wosnessenski 1949 plötzlich ohne jede Erklärung. Intern wurden ihm falsche Planungen und überdies Sabotage vorgeworfen. Die Anschuldigungen waren ähnlich absurd wie die während der Säuberungen vor dem Krieg, bedurften aber keiner Logik, um zu treffen. Andere wurden ebenfalls entfernt. Man sprach von der „Leningrader Affäre", die eine weitere Prüfung für die Stadt bedeutete. Neben diesen Spitzenfunktionären verloren einige tausend Leningrader Parteifunktionäre ihre Posten. Viele kamen ins Lager. Nikita Chruschtschow berichtete 1956 in seiner berühmten „Geheimrede" auf dem XX. Parteitag, dass Stalin und Berija diese „Leningrader Affäre" einfach erfunden hätten. Milovan Djilas, ein jugoslawischer Kommunist, vermutete, dass man mit dieser Gruppe, die das Schicksal Leningrads während der Blockade in der Hand hatte, einen Personenkreis treffen wollte, der sich aufgrund des eigenen Schicksals und eigenen Tuns potenziell als Opposition erweisen konnte.

Im Ergebnis war diese „Affäre" ein zweifacher Schlag für das Nachkriegsleningrad. Die Parteiführung des Gebietes verlor auf

Jahrzehnte hinaus an gesamtstaatlicher Bedeutung und ihren Sitz im Zentrum der Macht. Es fehlten zudem ausgebildete Experten vor Ort. Beides war von unmittelbarer Auswirkung für Wiederaufbau und Fortentwicklung der Stadt.

In den Jahren bis zu Stalins Tod 1953 war Leningrad dem Führer der Sowjetunion nicht der Erwähnung würdig. Dies merkten auch die Lenigrader Parteigliederungen, die sich daranmachten, den 250. Geburtstag der Stadt zu feiern. Immerhin waren die Hundert- und die Zweihundertjahrfeier glanzvolle Ereignisse gewesen, bei denen sich in der Zeit vor der Revolution die Zaren in ihrer Hauptstadt präsentieren und imperialen Glanz verbreiten konnten. Die Vorbereitungen für ein Stadtjubiläum unter sowjetischen Vorzeichen mussten nun jedoch in kleinstem Rahmen gehalten werden. Als Stalin starb, waren die innerparteilichen Auseinandersetzungen noch im Gange und jede positive Erwähnung der Ostseemetropole unerwünscht. Eine Feierlichkeit, egal aus welchem Anlass, erschien nicht angebracht. Das Stadtjubiläum wurde kuriorserweise 1957 unter Nikita Chruschtschow nachgeholt, freilich ohne Hinweis darauf, dass es eigentlich der 254. Geburtstag war.

## Der Bau der Metro

Zentrales Bauvorhaben der Nachkriegszeit war in Leningrad ohne Zweifel der Bau der Metro. Neue Stadtviertel und die großen Bahnhöfe der Stadt sollten miteinander verbunden werden. Dieses Konzept lag bereits Planungen zugrunde, die die Stadtplaner Leonti Benois, Marian Peretjatkowitsch und Fjodor Enakijew bei ihren visionären Stadtutopien in der Zeit vor dem Ersten Weltkrieg entwickelt hatten. Unterdessen gab es in der Sowjetunion aber auch ein reales Vorbild, das einmal mehr die alte Rivalität deutlich machte: Moskau hatte bereits seine Metro, deren erste Station 1935 eingeweiht worden war. Leningrads Untergrundbahn wurde zwar bereits 1940 begonnen, aber die Bauarbeiten wurden nach dem deutschen Überfall eingestellt. 1946 wurde der Bau wieder aufgenommen und 1955, 20 Jahre nach Moskau, fand die Eröffnung der ersten

Die acht Stationen, die entlang der ersten Metrostation eröffnet wurden, sollten gleichsam „unterirdische" Verherrlichungen des Sozialismus sein. Hier eines der programmatischen Mosaike: „Der Welt den Frieden".

Linie statt. Auf einer Länge von knapp elf Kilometern verband man zunächst sieben, dann acht Stationen. Von der Station Awtowo und den Kirow-Werken lief diese „Lenin-Linie" bis zum Platz des Aufstandes (beim Moskauer Bahnhof). Damit waren tatsächlich die großen Bahnhöfe der Stadt mit den bedeutenden Produktionsstätten und neuen Stadtvierteln verbunden worden. Für den öffentlichen Verkehr bedeutete dies einen ähnlichen Fortschritt wie der Bau der festen Newabrücken im 19. Jahrhundert.

Mit dem fortschreitenden Ausbau des Liniennetzes wuchsen auch die Anforderungen. Der feuchte und sumpfige Untergrund, der schon die Stadtgründer des 18. Jahrhunderts herausgefordert hatte, bedingte, dass die Linien teilweise bis zu 75 Meter tief geführt werden mussten. Dennoch ist die Metro in den folgenden Jahrzehnten schnell gewachsen. Bis zum Ende der sowjetischen Zeit 1991 wurden auf vier Linien 54 Stationen angefahren, und auch danach nahm man Erweiterungen in Angriff. Die prachtvolle und aufwändige Gestaltung sowohl der unterirdischen Stationen als auch der überirdischen Metropavillons der ersten Stationen wurde freilich nicht fortgeführt.

Die Stationen der ersten Linie sind zu Recht als „Kathedralen des Sozialismus" bezeichnet worden. In der Kombination von technischen Möglichkeiten und symbolhafter Überwältigungsarchitektur sollte der Benutzer alltäglich auf dem Weg zu Arbeit von der Überlegenheit des Sowjetsystems überzeugt werden. Unter der Erde ließ sich die Vision der sozialistischen Utopie scheinbar besser verwirklichen als im oberirdischen Leningrad, dessen historischer Stadtkern sich doch als relativ resistent erwies. Zwar errichtete man den Metropavillon der Station am Aufstandsplatz unweit des Moskauer Bahnhofs exakt dort, wo man 1940 eine Kirche gesprengt hatte, um damit ein symbolhaftes Zeichen zu setzen. Gebaute Ideologie in Reinform war jedoch in den ersten Stationen unterirdisch besser realisierbar.

## Das Wachstum der Stadt nach dem „Großen Vaterländischen Krieg"

In den Nachkriegsjahren wurden zahlreiche Stadtteile gebaut, und jeder Stadtteilneu- oder -umbau gab der Stadtführung Anlass zu Erfolgsmeldungen der „Sowjetmacht". So hieß es in einem Architekturführer aus dem Jahre 1967: „Im zaristischen Russland gab es im Newski Stadtbezirk 16 Volksbildungseinrichtungen (einschließlich Schulen und Bibliotheken) und zwei Ambulatorien mit drei oder vier Ärzten. Heute befinden sich hier: ein repräsentatives Gebäude des Rates des Stadtbezirkes, 34 Schulen, drei Kulturhäuser, zwölf Arbeiterklubs, sieben Krankenhäuser und mehr als 60 Polikliniken." Die Aufzählung zeigte Planerfüllung an und war Ausweis des in der Tat verbesserten Lebensniveaus der Sowjetbürger Leningrads.

Die Stadtbezirke außerhalb des Zentrums wurden dem ein wenig grauen Gesicht anderer sowjetischer Städte immer ähnlicher. In manchem wurde der Generalbebauungsplan Leningrads aus dem Jahre 1936 fortgesetzt, beispielsweise als es um die Anlage neuer Stadtviertel und das Wachstum der Stadt ging. Die erforderlichen Bauleistungen waren aber nur zu erreichen, indem man sich vom Monumentalismus Stalins abwandte und die kühne Stadtplanung eines neuen Zentrums verwarf. Es war auch ein Mittel der Entstalinisierung, dass nach 1956 zu viel Schmuck am Bau und Überladenheit der Fassaden als Kennzeichen einer vergangenen Epoche gebrandmarkt wurden. Chruschtschows Programm, aber auch das seiner Nachfolger, lautete hier, dass eine kostengünstige, industrielle Fertigbauweise den Bewohnern schnellstmöglich jene Zwei- oder Drei-Zimmer-Wohnung mit Küche, Bad und fließendem Wasser zu verschaffen habe. Gerade nach der Blockade mochte es eine Verklärung des Leningrader Zentrums geben, doch viele Bewohner zogen den Komfort einer neuen Wohnung in der Vorstadt dem Leben in der „Kommunalka" im Zentrum vor. Zum Traum vom Leben im Sozialismus sowjetischen Typs gehörten auch die Einbauküche und der Kühlschrank in den Hochhäusern der wachsenden Stadt. Freilich blieben das Zentrum stark bewohnt und bis weit in die postsowjetische Zeit hinein die Gemeinschaftswohnung eine Massenerscheinung. Dies lag an dem weiterhin ungebremsten Zuzug in die Stadt:

| | |
|---|---|
| 1944 | 2 559 000 Einwohner |
| 15. Januar 1959 | 2 888 000 Einwohner |
| 15. Januar 1970 | 3 512 974 Einwohner |
| 17. Januar 1979 | 4 072 528 Einwohner |
| 12. Januar 1989 | 4 460 424 Einwohner |
| 9. Oktober 2002 | 4 159 635 Einwohner |
| 1. Januar 2005 | 4 039 751 Einwohner |

Neue Stadtteile, die bald schneller wuchsen als der Metrobau ihnen folgen konnte, wurden angelegt, so zum Beispiel zuletzt die stark wachsenden Rayons „Primore" und „Kurort" in den 70er- und 80er-Jahren des vorigen Jahrhunderts. Die Stadt wuchs gleichsam weiter an der Ostseeküste entlang.

Architektonisch und stadtplanerisch bedeutsam waren dabei zunächst die größeren Parkanlagen, die großen Kinotheater der Stadt und die sozialistische Gedenkarchitektur, die immer dann eindrucksvoll wurde, wenn sie mit der Erinnerung an die Blockade und den Sieg im Zweiten Weltkrieg verbunden wurde. Beispiele hierfür sind der „Park des Sieges" in den Stadtteilen Primore und Kirow, vor allem aber das Monument auf dem Piskarjow-Friedhof, nordöstlich des Stadtzentrums. Die Gestaltung dieses Friedhofs, der 1960 zum 15. Jahrestag der deutschen Kapitulation eröffnet wurde, zeigt aber zugleich, dass Leningrad eine sozialistische Stadt wie andere auch geworden war. Das Schicksal der Blockade war einzigartig für die Stadt, das Gedenken mit einer großen Statue „Mutter Heimat" hatte sie jedoch mit anderen Orten in der Sowjetunion gemein.

Der Leningrader Literatur- und Kunstszene wohnte fast den gesamten Zeitraum bis zum Zusammenbruch der Sowjetunion ein Element der Dissidenz inne. Dies lag an dem engen staatlichen und parteilichen Rahmen, der der Kunst, der Literatur und der Musik vorgegeben war. Abgesehen von der Zeit des Tauwetters nach dem 20. Parteitag, als Chruschtschow für kurze Zeit ein wenig frische Luft durch die Sowjetunion ziehen ließ, waren die Betätigungsmöglichkeiten eingeschränkt. Neben den „Staatsangestellten der Kultur" gab es den Weg in eine künstlerische Existenz außerhalb der sowjetischen Gesellschaft. Gerade in dem sich als intellektuell verstehenden Leningrad wählten viele diesen Weg. Nachdem Chruschtschow 1962 mit seinen Ausfällen auf einer landesweiten Künstlerausstellung die eingefahrenen Formen der Eindeutigkeit des sozialistischen Realismus wieder verbindlich machte, nahm die alternative literarische Szene ihren Aufschwung. Dies war auch, aber nicht nur, politische Opposition. Das System hatte der Jugend nur noch wenig zu sagen, Individualismus, westliche Moden, Musik und andere Strömungen waren attraktiv. Der Konflikt zwischen der Kriegsgeneration und einer in der Sowjetunion wie im Westen aufbegehrenden Jugend trat hinzu. Die staatlichen Angebote von Kollektivismus und Kriegspatriotismus verfingen nicht länger.

Als Beispiel hierfür mag der spätere Nobelpreisträger Joseph Brodsky gelten. 1940 in Leningrad als Sohn jüdischer Eltern geboren, verbrachte er seine Jugend im Spätstalinismus, in dem der Antisemitismus allgegenwärtig spürbar war. Joseph Brodsky hatte seinen Vornamen nach eigener Aussage nach Joseph Stalin erhalten, seine Eltern stellten sich während des Krieges ganz in den Dienst der Verteidigung der Stadt. Brodsky brach jedoch mit dem System, als er die Schule nach Abschluss der achten Klasse im Alter von 15 Jahren verließ. Danach arbeitete er unter anderem als Fabrikarbeiter, Krankenhausangestellter und Teilnehmer an geologischen Expeditionen, bei denen er zwischen 1957 und 1960 große Teile der Sowjetunion kennen lernte. Im Selbststudium brachte er sich Polnisch und Englisch bei und schrieb Ende der 1950er-Jahre erste Gedichte, von denen er zunächst einige veröffentlichen konnte.

Im November 1963 erschien jedoch in einer Leningrader Zeitung ein Artikel, in dem Brodsky Parasitentum vorgeworfen wurde. Es wurde sogar behauptet, er habe geplant, ein Flugzeug zu entführen, um damit ins Ausland zu gelangen. 1964 wurde er zu fünf Jahren Zwangsarbeit verurteilt. Zwar wurde er nach 18 Monaten, die er in der Gegend von Archangelsk zubringen musste, entlassen, aber das Publikationsverbot galt weiter.

Zugleich wuchs jedoch sein Prestige innerhalb der Leningrader Intellektuellenszene. So wie etwa zeitgleich im Falle Alexander Solschenizyns war es eine Bankrotterklärung des Systems, dass Brodsky 1972 aus der Sowjetunion ausgebürgert wurde. 1977 wurde er US-amerikanischer Staatsbürger und sein Werk wurde 1987 mit dem Nobelpreis gekrönt. Auch wenn sein essayistischer Roman „Erinnerungen an Leningrad" im Exil entstand, war er der vielleicht gewichtigste Beitrag zum Petersburg-Text in der russischen Literatur in der zweiten Hälfte des 20. Jahrhunderts. In seinen Erinnerungen an Leningrad beschreibt Joseph Brodsky die anderthalb Zimmer eines riesigen alten Petersburger Hauses, die er ab dem Zweiten Weltkrieg über 20 Jahre mit seinen Eltern bewohnte. Eigentlich war es nur ein Raum, in dem sich Brodsky mit einer Konstruktion aus Brettern, Ziegeln und Regalen eine Enklave abtrennte, die durch eine Schrankwand zu betreten war. In der Beschreibung dieses Zimmers verdichtet sich die Erinnerung an die Eltern, an die Stadt Petersburg, wie Brodsky Leningrad nennt: Es wird zum Symbol für eine verlorene Welt. Aber auch der Antisemitismus wird offengelegt. Joseph Brodsky erhält wegen seiner jüdischen Herkunft keinen Ausweis für die Schulbibliothek. Im Sinne des St. Petersburg-Mythos führt eine Linie von Puschkin über Gogol, über Belyi und Blok zu Achmatowa – und Brodsky. Sein Blick auf die Stadt war kritisch und verklärend zugleich.

Jenseits des offiziell Erlaubten entwickelten sich im Leningrad der Nachkriegszeit kulturelle Milieus, die sich einerseits als politische Opposition verstanden, anderseits den „Underground" als Lebensform sahen. Die Jugend blieb von der Protestbewegung der 1968er nicht unbeeindruckt. Waren es in den 50er-Jahren Jazzclubs, die wegen ihrer Beliebtheit unter Beobachtung standen, war es in den folgenden Jahrzehnten der Rock 'n' Roll. Bands trafen sich in privaten Wohnungen, auch wenn sie – teils aus technischen Gründen, teils, um nicht von hellhörigen Nachbarn verraten zu werden – gedämpft spielten. Der begrenzte Platz schuf eine intime Atmosphäre zwischen Band und Zuhörerschaft. In den 80er-Jahren nahmen Bands wie „Aquarium" um Boris Grebentschikow ihre Alben in selbst errichteten Studios auf, nicht selten als „Klub junger Techniker" getarnt.

Ähnlich informell trafen sich die Leningrader Intellektuellen, um „Samisdat"-Literatur, die sie selbst jenseits des staatlichen Verlagssystems vervielfältigt hatten, zu lesen und zu diskutieren. Gespeist wurden diese vielen Zirkel aus der großen Zahl der Gebildeten, die aus den Leningrader Universitäten und Hochschulen hervorgingen. Leningrad als Standort der Forschung, Wissenschaft und Hochtechnologie an der Ostsee war in der Eigensicht seiner Bewohner doch immer noch die kulturelle Hauptstadt der Sowjetunion. An deren Ende wurde sie zum Schrittmacher der politischen Entwicklung.

# Das postsowjetische St. Petersburg

## Aus Leningrad wird St. Petersburg

Als Michail Gorbatschow ab 1985 die Schlagworte „Perestroika" und „Glasnost" zu Begriffen des Wandels in der Sowjetunion machte, griffen die Eliten in Leningrad die erweiterten Möglichkeiten der Äußerungen in Kunst, Literatur und Film gerne auf. Der kulturell reiche Leningrader „Underground" geriet gleichsam ins Zentrum der Bewegung. Die Menschen nutzten die neuen Spielräume aber auch politisch und forderten das Recht auf eine autonome politische und ökonomische Entwicklung ihrer Stadt.

An die Spitze derjenigen, die das Sowjetexperiment so schnell wie möglich verabschieden wollten, setzte sich der Leningrader Juraprofessor Anatoli Sobtschak. Er war ein Vertreter jener Teile der sowjetischen Intelligenz, die in den 1980er-Jahren zu der Überzeugung gelangten, dass die einzige Alternative zur Krise der Sowjetunion die Liquidierung der 1917 durch die Oktoberrevolution geschaffenen sozialen und ökonomischen Grundlagen und die Wiedereinführung marktwirtschaftlicher Beziehungen sei. Als eloquenter Deputierter in Moskau trieb er Gorbatschow mit anderen zu immer schnelleren Reformen an. Er wurde schließlich im Juni 1991 Bürgermeister von Leningrad. Beim Putschversuch gegen Michail Gorbatschow im August desselben Jahres organisierte er Demonstrationen und Kundgebungen gegen die Putschisten. In der Stadt setzte er sich erfolgreich für die Rückbenennung Leningrads in St. Petersburg ein und versuchte ein ehrgeiziges Programm zu gestalten, um sowohl westliche Investoren als auch Touristen in die Stadt am Finnischen Meerbusen zu locken. Für Sobtschak, den überzeugten Marktwirtschaftler, war dies der geeignete Weg zur Demokratie. Nach dem Ende der Sowjetunion Ende 1991 wurde St. Petersburg, wie die Stadt nach einer knappen Volksabstimmung nun wieder hieß, eigenes Föderationssubjekt und zudem Verwaltungssitz des Leningrader Gebietes (das seinen Namen im Übrigen nach einer Abstimmung behielt) sowie des Föderationskreises Nordwestrussland innerhalb der Russländischen Föderation.

1996 löste Vizebürgmeister Wladimir Jakowlew Anatoli Sobtschak ab. Jakowlew präsentierte sich als ideologisch ungebundener Pragmatiker, während Sobtschak aufgrund seines radikal marktwirtschaftlichen Kurses Animositäten in der Stadt erzeugt hatte, als sich in den so genannten „wilden" Jahren unter Boris Jelzin Netzwerke bereicherten, die auch vorher bereits die Stadt regiert hatten. Sobtschak wurde für die radikale Privatisierung verantwortlich gemacht, und die Vorwürfe gegen ihn richteten sich teilweise auch gegen seinen Vertrauten und Wahlkampforganisator Wladimir Putin.

Der Glanz des Reformers der ersten Stunde in der Transformationszeit hatte gelitten, so dass es seinem farblosen Stellvertreter Jakowlew gelang, ihn aus dem Amt zu drängen. Manche Beobachter sahen damit eine Provinzialisierung der Stadt einhergehen. In der zweiten Hälfte der 1990er und zu Beginn des neuen Jahrtausends schien sich das Bonmot zu bewahrheiten, das dem Schriftsteller Daniil Granin zugeschrieben wird: Petersburg sei eine Weltstadt mit Provinzschicksal. Mit dem wirtschaftlichen Wachstum der Stadt erfolgte keine notwendige Modernisierung der Infrastruktur. Der öffentliche Personennahverkehr befand und befindet sich in einem beklagenswerten Zustand, in einer Metrolinie brach 1998 derart viel Wasser ein, dass sie auf Jahre stillgelegt werden musste. Der „Rubelkrach" 1998 hemmte nicht nur die ökonomische Entwicklung der Stadt und seiner Bewohner, sondern stoppte auch die ohnehin geringen öffentlichen Investitionen. Große Firmen nahmen ihren Zweitsitz zwar in St. Petersburg, doch der Sogkraft Moskaus am Beginn des neuen Jahrtausends konnten die Stadtentwickler wenig entgegenstellen. Trotz der Ansiedlung von Autoindustrie, dem Aufbau eines Baltika-Bier-Imperiums, das unterdessen einem internationalen Konsortium gehört, und unbeschadet der Tatsache, dass St. Petersburg nach wie vor ein bedeutender ziviler und militärischer Hafen ist, hatten Millionenstädte in Russland, die unmittelbar vom Rohstoffreichtum profitierten, höhere Wachstumsraten zu verzeichnen.

# 300 Jahre St. Petersburg

Gouverneur Jakowlew erkannte allerdings die Möglichkeit, über das nahende Jubiläum des 300. Jahrestages St. Petersburgs auch zentrale Gelder in die Stadt zu holen und die Petersburger in ihrem Wir-Gefühl zu stärken. Gab es in der zweiten Hälfte der 90er-Jahre des vorigen Jahrhunderts eine kleine, aber meinungsstarke Gruppe der „Regionalisten", die über mehr Autonomie und Unabhängigkeit zu einer Stärkung der Stadt zu gelangen trachteten, wurde im Vorfeld des Jubiläums die Anlehnung an die Zentrale auf der Jagd nach Ressourcen gesucht. Und dies, obwohl das Verhältnis von Jakowlew zu dem seit 2000 als Staatspräsident amtierenden Leningrader Wladimir Putin nicht das Beste war. So wurde das Jubiläum zwar zu einem Investitionsmotor, allerdings auch zur Angelegenheit der Regierung und ihres Präsidenten, die immerhin, so die Schätzungen, 1,2 Milliarden Euro investierten.

Das Stadtjubiläum im Jahre 2003 wurde nicht von ungefähr mit einer gewaltigen historiografischen und populärwissenschaftlichen Produktion über Peter I. verbunden, dem nicht nur in Werbespots für Zigaretten und Bier als Markenträger für die Stadt Allgegenwart zukam. Putin stellte sich ganz bewusst in die Tradition Peters. Das Petersburger Jubiläum wurde zur persönlichen Angelegenheit des Präsidenten, die Stadt wurde diplomatisches Parkett für Gipfeltreffen und Schaufenster gesamtrussischer Kultur. Ohne den Präsidenten wäre das zehntägige Stadtjubiläum nie zu einer Veranstaltung von derart nationaler Wichtigkeit erhoben worden. Der von Putin nach Petersburg einberufene Supergipfel am 30. und 31. Mai mit über 45 Staatschefs – alle G8-, GUS- und EU-Staaten sowie Indien und China – sollte der Stadt Weltaufmerksamkeit sichern. Viele Leute flüchteten vor den Sicherheitsmaßnahmen auf ihre Datschas vor der Stadt.

Schauplatz des Gratulationsgipfels war der Konstantin-Palast. Dabei suchte man diesen Barockpalast in vielen Petersburg-Reiseführern bislang vergeblich: Das Schloss am Ostseeufer, auf halbem Weg zwischen der Stadt und Peterhof gelegen, war eine zugewucherte Ruine, von deren Existenz selbst viele Einheimi-

Blick auf die Isaak-Kathedrale von der Newa aus am Beginn des
21. Jahrhunderts.

sche nichts ahnten. Im November 2001 rückten die ersten von
6 000 Bauarbeitern an. Anderthalb Jahre später war der Palast
fertig. 200 Millionen Dollar an Sponsorengeldern trieb die
Präsidialverwaltung ein.

Aber auch der Kern des historischen Stadtzentrums erhielt
zum Jubiläum die schon lange überfällige Generalauffrischung
aus zentralen Mitteln: Überall wurden Wege gepflastert, Fassaden repariert, Lampen gesetzt, Plätze renoviert. So manche
Reparatur schien Kommentatoren freilich rein kosmetisch oder
gar als Zerstörung des historischen Kerns der Stadt. Beispielsweise wurde der „Heumarkt", zu Dostojewskis Zeiten pitto-
resker Handelsmittelpunkt aller städtischen Schichten, seines
Platzcharakters beraubt.

Was blieb von dem zehntägigen Festprogramm zur Feier des
300. Gründungstages Ende Mai 2003 übrig? Auch in dem
Programm zeigte sich die gewünschte Orientierung am ge-

samtpatriotischen Konsens. Stadtteilfeste, Musikkonzerte, ein Karnevalsumzug auf dem Newski-Prospekt, Jubiläumsball der Schulabsolventen, „10 000 Sterne" in der St. Petersburger Humanistischen Universität der Gewerkschaften, die Premiere des Musicals „Anna Karenina" und das Speiseeisfestival auf dem Theater-Platz mögen den Volksfestcharakter andeuten.

## Postmoderner Eklektizismus

„St. Petersburg als architektonische Einheit weist die Eigenschaft der Übertreibung in jedem einzelnen der vorhandenen Stile auf. Europäische Baumeister arbeiten hier fern von jeder Realität, wo diese Stile historisch gewachsen waren. Und da diese Stile bereits ihren eigenen Ort, ihre Zeit besaßen, entwickelten sie in Petersburg jene Verschärfung und Verdeutlichung, die die architektonische Größe der Hauptstadt des Nordens zu einer Art edlen Kopie gemacht hat, einer Parodie, besonders vor dem Hintergrund der sumpfigen Landschaft, in die man Empire und Barock aus Westeuropa versetzte. Petersburg ist ein wunderbares Beispiel für postmodernen Eklektizismus ... Unter dem Kommunismus gab es den Plan, nach dem Kommunismus – die Präsentation. Sie ist eine Simulation nicht der Zukunft, sondern der Gegenwart. Unübersehbar demonstrierte dies die Jubiläumsfeier, genauer: die Präsentation dieser Feierlichkeiten in vergoldeten, lackglänzenden Palästen, während die vernachlässigten, vermüllten, halbverfallenen Straßen, Höfe und Hauseingänge des größten Teils der Stadt außerhalb des Blickfangs blieben." (Arkadi Bartow, August 2003)

## Das 21. Jahrhundert

Die Stadt hat in dem langjährigen Staatspräsidenten und jetzigen Ministerpräsidenten Wladimir Putin einen starken Protektor. Wie der derzeitige Präsident Dmitri Medwedjew stammt er aus St. Petersburg und unternahm dort seine ersten Karriere-Schritte. Er war unter anderem Vizerektor für internationale Beziehungen der Leningrader Universität, wobei dieser Posten auf eine Geheimdiensttätigkeit verweist. Medwedjew hingegen hatte eine Juraprofessur an der Leningrader Universität inne. Man spricht von einer Petersburger Gruppe, die die Politik in Moskau dominiere. Die seit 2003 amtierende Petersburger Gouverneurin und Bürgermeisterin Walentina Matwijenko gilt als eine enge Parteigängerin Putins. Dies ist für die Stadt in mancher Hinsicht von Vorteil, nicht zuletzt dann, wenn die Entwicklung nicht so prosperierend verläuft, wie es in der Transformationszeit erwartet wurde. Andere Städte Russlands, allen voran Moskau, wachsen rasant, Petersburgs Einwohnerzahlen sinken. Im Jahre 2005 waren es noch knapp über 4 Millionen Einwohner, das Umland ist populärer geworden. Insofern waren die Petersburger sicher nicht undankbar über die zentralen Mittel, die Wladimir Putin in die Infrastruktur der Stadt leitete.

Während seiner Präsidentschaft wurde eine intensive Diskussion über die Verlegung gesamtstaatlicher Institutionen geführt. Als deren Ergebnis nahm das Verfassungsgericht der Russländischen Föderation seinen Sitz in der Ostseemetropole. Der klassizistische Bau von Synod und Senat, jener Behörde, die im Zarenreich lange als oberste juristische Appellationsinstanz diente, ist ein repräsentatives Quartier an der Newa. Die obersten Richter können seit Mai 2008 aus ihren Räumlichkeiten auf das Standbild Peters I. blicken. Die historischen Linien, die hier gezogen werden sollen, sind offensichtlich.

Die erste Dekade des neuen Jahrtausends schien für Petersburg, wenn auch schwächer als andernorts, von dem nicht enden wollenden Wirtschaftsboom, der Russland erfasste, geprägt zu sein. Die Rohstoffe des Landes, vor allem seine Gasvorkommen, schienen auch für Petersburg Chance und Gefahr der städtischen Entwicklung zu sein. Die Stadt als solche ist Weltkulturerbe. Dies trägt dem architektonischen Ensemble in seiner Einzigartigkeit und Geschlossenheit Rechnung. Auf der anderen Seite wuchs der Wunsch, die Stadt auch baulich fortzuentwickeln. Der Energieriese Gazprom plante ein Hochhaus, das die Stadtsilhouette nachhaltig dominiert und damit verändert hätte. Das Marinski-Theater im Zentrum sollte durch eine monumentale zweite Bühne erweitert werden. Der Stararchitekt Sir Norman Forster plante eine Neuerschließung und Bebauung der Neu-Holland-Insel im Zentrum der Stadt; erste der denkmalgeschützten, aber stark verfallenen historischen Lagergebäude wurden bereits abgerissen. Ein neuer Kongresspalast war vorgesehen. Auf diese Situation traf im Winter 2008/2009 die Bankenkrise. All diese Bauvorhaben wurden zunächst auf Eis gelegt, sehr zur Freude der stadtgeschichtsbewussten Petersburger. Freilich hatte die Bankenkrise auch Auswirkungen auf die „neue" Mittelschicht der Stadt. Wie andernorts kauften die Petersburger Wohnungen und Autos auf Kredit. Privater Wohlstand schien in greifbarer Nähe. Hier kommt es im Kleinen wie im Großen zu einer Verunsicherung über die Zukunftsperspektiven der Stadt.

Andere Phänomene sind beunruhigend. Petersburg rangiert vor Moskau, was die Kriminalitätsrate angeht. Die Armut in der Stadt wird aus dem Zentrum verdrängt, sie wird aber nicht umfassend bekämpft. Trotz der zahlreichen gesellschaftlichen Organisationen, die die Epoche Putins hervorgebracht hat, bleiben ungelöste Probleme der Zukunft. Hierzu zählt auch ein zunehmend militanter Rechtsradikalismus in der Stadt. Faschistische Embleme, die von gewaltbereiten Gruppierungen zur Schau gestellt werden, lassen sich nicht nur in Vororten und im Verborgenen beobachten. An dem von Wladimir Putin als Nationalfeiertag implementierten „Tag der Befreiung" zogen im November 2008 Gruppen mit Hakenkreuz-Fahnen über den Newski-Prospekt und zettelten Schlägereien an. Solche Ereignisse gibt es auch andernorts und nicht nur in Russland. Sie präsentieren Petersburg aber nicht als jene weltoffene Hauptstadt europäischer Kultur und Geschichte, als die sie die Bewohner sehen und die Besucher oft erleben. Besonders unverständlich und geschichtsvergessen sind solche Phänomene jedoch in einer Stadt, die die 900 Tage der Belagerung im Zweiten Weltkrieg erlitten hat.

St. Petersburg steht am Beginn des 21. Jahrhunderts im Spannungsfeld zwischen großer Vergangenheit, Musealisierung im Zentrum und Zukunftsorientierung. Die aktuellen Debatten um die architektonische Stadtplanung und infrastrukturelle Entwicklung zeigen dies deutlich. Die Menschen wollen das historische St. Petersburg bewahren und zehren zugleich vom Mythos der Stadt, der sich aus verschiedenen Schichten zusammensetzt. Sie wollen aber nicht nur in einer imaginierten großen imperialen Vergangenheit leben, in der vom „Palmyra des Nordens" geredet wird. Sie wollen vor allem Wohlstand, und zwar nicht nur für Wenige, sondern für eine breite Mittelschicht. Dieser Wohlstand ist durch die aktuellen ökonomischen Entwicklungen nicht sicherer geworden. In St. Petersburg gibt es aufgrund seiner spezifischen Geschichte in der Stalinzeit nicht viele Nostalgiker des Sowjetsystems. Aber gerade bei der Frage der Grundversorgung stellt sich doch ein gewisser verklärender Blick auf den sowjetischen Versorgungsstaat der 60er- und 70er-Jahre des 20. Jahrhunderts ein. An die Enge der Kommunalka wird sich weniger erinnert als an das Miteinander in der Hausgemeinschaft. Solche Erinnerungsstrategien sind nachvollziehbar und verständlich, gerade angesichts einer als ungewiss erscheinenden Zukunft.

In der eigentlich kurzen Zeitspanne von 300 Jahren Stadtgeschichte haben die Bewohner Petersburgs viel gesehen und erlebt, Autokraten und Revolutionäre, Naturkatastrophen und Systemwechsel. In Krisensituationen haben sie die Stadt verlassen und sind doch zurückgekehrt. Wer durch St. Petersburg in den „Weißen Nächten" des Sommers oder nach frischem Schneefall im Januar streift, ahnt warum.

# Zeittafel

| | |
|---|---|
| 1701–1721 | Großer Nordischer Krieg |
| 1703 | Gründung der Peter- und Paul Festung und der Stadt Sankt Petersburg |
| 1704 | Beginnender Ausbau der Festungsinsel Kronstadt |
| 1709 | Eine Baukanzlei koordiniert den Ausbau der Stadt |
| 1710 | Beginn des Baus des Sommerpalastes und des Alexander-Newski-Klosters |
| 1712 | Verlegung des Hofes von Moskau nach St. Petersburg |
| 1714 | Gründung der Kunstkammer |
| 1716 | Friedrich I. von Preußen schenkt Peter I. das „Bernsteinzimmer" |
| 1717 | Stadtentwicklungsplan Jean Baptiste Leblonds |
| 1718 | Ermordung des Thronfolgers Alexei in der Peter-und-Paul-Festung |
| 1720 | Erste Zuckerfabrik auf der Wyborger Seite St. Petersburgs |
| 1722 | Bau der Zwölf Kollegien |
| 1725 | Gründung der Akademie der Wissenschaften |
| 1727 | Verlegung des Hofes von Petersburg nach Moskau |
| 1732 | Verlegung des Hofes von Moskau nach Sankt Petersburg |
| 1737 | Brand der Stadt und Neuplanung durch Pjotr Jeropkin |
| 1740 | Niedrigste Temperatur in der Stadt seit Beginn der Messungen: -45 Grad |
| 1746 | Gründung der ersten Porzellanmanufaktur (heute Lomonossow-Manufaktur) |
| 1748 | Erster Arbeiterausstand in der Stadt in der Bolotnikow-Fabrik |
| 1750 | Die Einwohnerzahl erreicht 95 000. |
| 1754 | Baubeginn des 3. Winterpalastes nach Plänen von Rastrelli |
| 1757 | Gründung der Akademie der Künste |
| 1762 | Palastrevolution Katharinas II. |
| 1764 | Gründung der „Freien Ökonomischen Gesellschaft" der ersten wissenschaftlichen Vereinigung Russlands |
| 1769 | Beginnender Bau des „Umleitungskanals" |
| 1770 | Eröffnung des staatlichen Findel- und Waisenhauses |
| 1777 | Hochwasser beschädigt den Stadtkern |
| 1780 | Eröffnung des Obuchowski-Krankenhauses |
| 1782 | Enthüllung des „Ehernen Reiters" |
| 1783 | Eröffnung des Großen Theaters (später Marinski-Theater) |
| 1789 | Fertigstellung des Taurischen Palais |
| 1795 | Eröffnung der Kaiserlichen öffentlichen Bibliothek (heute National-Bibliothek) |
| 1800 | Die Bevölkerung der Stadt liegt bei 220 000 Einwohnern |
| 1803 | Iwan Krusenstern beginnt von St. Petersburg aus die erste russische Weltumseglung |
| 1804 | Einrichtung der Pädagogischen Instituts |
| 1811 | Eröffnung des Lyzeums in Zarkoje Selo |
| 1812 | Napoleons Einmarsch in Russland; Petersburger Freiwilligenmilizen |
| 1817 | Beginn der steinernen Befestigung von Straßen und Gehwegen im Zentrum |
| 1819 | Meuterei im Semjonowski-Garderegiment |
| 1824 | verheerendes Hochwasser, das Alexander Puschkin zu seinem Poem der „Eherne Reiter" inspiriert |
| 1825 | Dekabristenaufstand |
| 1831 | Cholera in St. Petersburg |

| | |
|---|---|
| 1837 | Brand im Winterpalast |
| 1843 | Beginn des Baus der Eisenbahn St. Petersburg-Moskau; Eröffnung der Telegrafenlinie St. Petersburg–Zarskoje Selo; erste Pferdeomnibusse in der Stadt |
| 1846 | Fjodor Dostojewski veröffentlicht „Arme Leute" |
| 1849 | Verhaftung des Petraschewski-Kreises |
| 1853–1856 | Krimkrieg; ein britisch-französischer Flottenverband liegt vor Kronstadt |
| 1861 | Aufhebung der Leibeigenschaft |
| 1862 | Feuer im „Apraksin-Dwor" |
| 1863 | Erste Wasserleitung in der Stadt |
| 1866 | Erstes Attentat auf Alexander II. |
| 1869 | In der Universität präsentiert der Wissenschaftler Dmitri Mendeleew sein „Periodensystem der Elemente" |
| 1870 | Gründung der Künstlervereinigung der „Wandermaler" |
| 1881 | Ermordung Alexanders II. |
| 1883 | Eröffnung des ersten Elektrizitätswerkes Sankt Petersburgs |
| 1893 | Bau der „Großen Synagoge" |
| 1895 | Erste Automobile in der Stadt |
| 1897 | Eröffnung des Medetinischen Insituts für Frauen (heute Medizinische Universität) |
| 1898 | Eröffnung des Russischen Museums |
| 1899 | Telefonlinie zwischen Moskau und St. Petersburg |
| 1903 | 200-jähriges Jubiläum der Stadt; Eröffnung der Troitzki-Brücke über die Newa |
| 1905 | Petersburger Blutsonntag als Auftakt der Ersten Russischen Revolution |
| 1906 | Staatsgrundgesetze; Wahl zur ersten Duma |
| 1909 | Enthüllung des Denkmals für Alexander III. auf dem Snamenskaja Platz |
| 1910 | Erster Zeppelin-Flug über Petersburg |
| 1911 | Studentenunruhen |
| 1913 | 300-Jahr-Feier des Hauses Romanow; erste Eisenbahnbrücke über die Newa; Publikation von Andrei Belyis „Peterburg" |
| 1914–1918 | Erster Weltkrieg |
| 1914 | Umbenennung der Stadt von St. Petersburg in Petrograd |
| 1916 | Ermordung Rasputins |
| 1917 | Februarrevolution; Oktoberrevolution |
| 1918 | Auflösung der Verfassungsgebenden Versammlung |
| 1919 | Abwehr der Judenitsch-Offensive der „Weißen" auf Petrograd |
| 1921 | Kronstädter Matrosenaufstand |
| 1924 | Nach dem Tode Lenins Umbenennung der Stadt in Leningrad |
| 1926 | Sergei Kirow Parteichef von Leningrad; beginnende Verfolgung der „alten Bolschewiki" |
| 1929 | Erstes Tonfilm-Kino der Sowjetunion eröffnet in Leningrad |
| 1932 | Nach ersten Verfolgungen nach der Revolution systematische Verfolgung von Priestern, Schließung und Zerstörung zahlreicher Gotteshäuser in der Stadt |
| 1934 | Hauptsitz der Akademie der Wissenschaften wird nach Moskau verlegt; Mord an Sergei Kirow |
| 1937 | Höhepunkt des „Großen Terrors" in der Stadt |
| 1940 | Beginn des Baus der Metro |
| 1941–1944 | Blockade Leningrads |
| 1947 | Die Akademie der Künste wird nach Moskau verlegt |

| | |
|---|---|
| 1952 | Das provisorische Museum der Blockade Leningrads wird geschlossen |
| 1953 | Tod Stalins |
| 1955 | Eröffnung der ersten Metrolinie Leningrads |
| 1957 | In Leningrad läuft der erste Atomeisbrecher „Lenin" vom Stapel |
| 1960 | Errichtung eines Gedenkkomplexes für die Opfer der Blockade auf dem Piskarjow-Friedhof |
| 1966 | Dritter sowjetischer Generalplan zum Ausbau Leningrads |
| 1967 | Erstes Atomkraftwerk unweit Leningrads |
| 1973 | Eröffnung des Flughafens Pulkowo I |
| 1975 | Eröffnung des Denkmalkomplexes für die Verteidiger Leningrads auf dem „Platz des Sieges" |
| 1983 | Seither jährliche Feiern zum Stadtgeburtstag |
| 1988 | Verheerender Brand in der Bibliothek der Akademie der Wissenschaften |
| 1989 | Das historische Stadtzentrum wird Weltkulturerbe |
| 1990 | Erste Demokratische Kommunalwahlen |
| 1991 | Nach einer Volksabstimmung wird aus Leningrad wieder St. Petersburg |
| 1992 | Beginnende Rückgabe von Kircheneigentum |
| 1998 | Die Überreste der Familie des letzten Zaren Nikolaus II. werden in der Peter-und-Paul-Kathedrale im Beisein Boris Jelzins beigesetzt |
| 2003 | 300-Jahr-Feiern St. Petersburgs |

# Literaturauswahl

Anziferow, Nikolai: Die Seele Petersburgs. München 2003.

Barber, John/Dzeniskevich, Andrej (Hg.): Life and death in besieged Leningrad. 1941–1944. Basingstoke 2004.

Bater, James H.: St. Petersburg. Industrialization and Change. Montreal 1976.

Bater, James H.: Modernization and public health in St. Petersburg. 1890–1914. Berlin 1985.

Bautz, Annegret: Sozialpolitik statt Wohltätigkeit. Der Konzeptionswandel städtischer Fürsorge in Sankt Petersburg von 1892 bis 1914. Wiesbaden 2007.

Bejzer, Michael': Evrei Leningrada. 1917–1939. Nacional'naja žizn' i sovetizacija. Moskva 1999.

Blockade Leningrad 1941–1944. Dokumente und Essays von Russen und Deutschen. Reinbek 1992.

Busch, Margarete: Deutsche in St. Petersburg 1865–1914. Identität und Integration. Essen 1995.

Berelowitch, Wladimir/Medvedkova, Olga: Histoire de Saint-Pétersbourg. Paris 1996.

Bogdanov, S. I. (Hg.): Tri veka Sankt-Peterburga. Enciklopedija v trech tomach. Sankt-Peterburg 2001–2008.

Buckler, Julie: Mapping St. Petersburg. Imperial Text and Cityshape. Princeton. Princeton 2005.

Butenschön, Marianna: Ein Zaubertempel der Musen. Die Ermitage in St. Peterburg. Köln usw. 2008.

Clark, Katerina: Petersburg, Crucible of Revolution. Cambridge 1995.

Creuzberger, Stefan (Hg u. a.): St. Petersburg – Leningrad – St. Petersburg. Eine Stadt im Spiegel der Zeit. Stuttgart 2000.

Cross, Anthony (Hg.): St. Petersburg, 1703–1825. Basingstoke 2003.

Donnert, Erich: Sankt Petersburg. Eine Kulturgeschichte. Köln usw. 2002.

Franz, Norbert (Hg.): Sankt Petersburg – „der akkurate Deutsche". Deutsche und Deutsches in der anderen russischen Hauptstadt. Frankfurt a. M. 2006.

Ganzenmüller, Jörg: Das belagerte Leningrad 1941–1944. Die Stadt in den Strategien von Angreifern und Verteidigern. Paderborn 2005.

George, Arthur L., George, Elena: St. Petersburg: Russia's Window to the Future. The First Three Centuries. Lanham 2003.

Gessen, Valerij Ju.: K istorii evreev. 300 let v Sankt-Peterburge. Sankt-Peterburg 2005.

Glantz, David M.: The Battle for Leningrad, 1941–1944. Lawrence 2002.

Glezerov, Sergej E.: Peterburg Serebrjanogo veka. Byt i nravy. Moskva 2007.

Hoffmann, Peter: Sankt Petersburg – Stadt und Hafen im 18. Jahrhundert. Berlin 2003.

Hubel, Helmut (Hrsg.): Ein europäisches Rußland oder Rußland in Europa? – 300 Jahre St. Petersburg. Baden-Baden 2004.

Iroschnikow, Michail P. (u. a): Vor der Revolution: Das alte St. Petersburg. Köln usw. 1991.

Ivanova, Natal'ja I.: Nemeckie predprinimateli v Sankt-Peterburge (XVIII–XX vv.). Sankt-Peterburg 2002.

Jahn, Hubertus F.: Der St. Petersburger Heumarkt im 19. Jahrhundert. Metamorphosen eines Stadtviertels. In: Jahrbücher für Geschichte Osteuropas, 44 (1996), 1, 162–177.

Keller, Elena E.: Prazdničnaja kul'tura Peterburga. Očerki istorii. K 300-letiju Peterburga. Sankt-Peterburg 2001.

Keller, Andreas: Die Handwerker in St. Petersburg. Von der Mitte des 19. Jahrhunderts bis zum Ausbruch des Ersten Weltkrieges 1914. Frankfurt a. M. 2002.

Kirschenbaum, Lisa A.: The Legacy of the Siege of Leningrad. 1941–1995. Myth, Memories, and Monuments. New York 2006.

Kitanina, Taisija Michajlovna: Rabočie Peterburga v 1800–1861 gg. Promyšlennost', formirovanie, sostav, položenie rabočich. Leningrad 1991.

Kleinmann, Yvonne: Neue Orte – neue Menschen. Jüdisches Leben in St. Petersburg und Moskau im 19. Jahrhundert. Göttingen 2006.

Kirikov, Boris: Architektura Peterburgskogo Moderna. Sankt-Peterburg 2003.

Konecnyj, Al'bin M.: Peterburgskoe kupečestvo v XIX veke. Sankt-Peterburg 2003.

Konecny, Peter: Builders and Deserters. Students, State, and Community in Leningrad, 1917–1941. Montreal 1999.

Koval'čuk, Valentin M. (Hg.): Sankt-Peterburg. 300 let istorii. Sankt-Peterburg 2003.

Lincoln, William Bruce: Sunlight at Midnight. St. Petersburg and the Rise of Modern Russia. New York 2000.

Lisovskij Vladimir. G.: Sankt-Peterburg 2006. Leontij Benua i Peterburgskaja škola chudožnikov-architektorov. Sankt-Peterburg 2006.

Loskutova, Marina V.: Pamjat' o blokade. Svidetel'stva očevidcev i istoriceskoe soznanie obščestva. Moskva 2006.

McAuley, Mary: Bread and justice. State and Society in Petrograd 1917–1922. Oxford 1991.

McKean, Robert B.: St. Petersburg Between the Revolutions. Workers and Revolutionaries, June 1907 – February 1917. New Haven/London 1990.

Neuberger, Joan: Hooliganism. Crime, Culture, and Power in St. Petersburg, 1900–1914. Berkeley 1993.

Nardova, Valerija A.: Peterburgskaja Gorodskaja Duma. 1846–1918. Sankt Peterburg 2005.

Orttung, Robert W.: From Leningrad to St. Petersburg: Democratization in a Russian City. New York 1995.

Rabinowitsch, Alexander: Prelude to revolution. The Petrograd Bolsheviks and the July 1917 Uprising. Bloomington 1968.

Ruble, Blair A.: Leningrad. Shaping a Soviet City. Berkeley 1990.

Šangina, Irina I. (Hg.): Mnogonacional'nyj Peterburg. Istorija, religija narody. Sankt-Peterburg 2003.

Schlögel, Karl (Hg. u. a.): Sankt Petersburg. Schauplätze einer Stadtgeschichte. Frankfurt a. M. 2007.

Schlögel, Karl: Petersburg. Das Laboratorium der Moderne. 1909–1921. München 2002.

Semenova, Lidija N.: Byt i naselenie Sankt-Peterburga (XVIII v.). Sankt Peterburg 1998.

Shvidkovsky, Dmitry O. / Orloff, Alexander: St. Petersburg. Architecture of the Tsars. New York 1996.

Siljak, Ana: Angel of vengeance. The „girl assassin", the governor of St. Petersburg, and Russia's revolutionary world. New York 2008.

Šiškin, Valerij A.: Petrograd na perelome epoch. Gorod i ego žiteli v gody revoljucii i graždanskoj vojny. Sankt-Peterburg 2000.

Smirnov, Nikolaj N.: Inostrannye predprinimateli v Peterburge. Sankt-Peterburg 2003.

Solov'ev, V. N.: Social'naja istorija Sankt-Peterburga. Sankt-Peterburg 2005.

Surh, Gerald D.: 1905 in St. Petersburg. Labor, Society, and Revolution. Stanford 1989.

Stürickow, Regina: Reisen nach St. Petersburg. Die Darstellung St. Petersburgs in Reisebeschreibungen (1815–1861). Frankfurt a. M. 1990.

Vakser, A. Z. (Hg.): Očerki istorii Leningrada. 7 Bde. Leningrad 1955–1989.

Vakser, A. Z., Leningrad posleveoennyj 1945–1982. Sankt-Peterburg 2005.

Volkov, Solomon M.: Istorija kul'tury Sankt-Peterburga. S osnovanija do našich dnej. Moskva 2004.

Zelnik, Reginald E.: Labor and Society in Tsarist Russia. The Factory Workers of St. Petersburg 1855–1870. Stanford 1971.

# Ortsregister (St. Petersburg)

# Ortsregister (allgmein)

# Personenregister

# Bildnachweis

Vordere Umschlaginnenseite: nach Sankt Petersburg. Köln: DuMont, 1995
Umschlagrückseite: Der Eherne Reiter (Foto: Julia Röttjer)